FUORI SCENA

Raccontiamo quello che non si vede

GIOVANNI FASANELLA
CORRADO INCERTI

Berlinguer deve morire

Il piano dei servizi segreti dell'Est per uccidere il leader del Partito comunista

Premessa di Walter Veltroni

Introduzione di Giuseppe Vacca

FUORI SCENA

FUORI SCENA

ISBN 979-12-225-0013-3
Prima edizione: maggio 2024

Premessa

di Walter Veltroni

Sapete cos'è una Chaika? In russo vuol dire gabbiano, ma negli anni Settanta era il nome di un'auto di rappresentanza, quasi una limousine, destinata ai dirigenti politici, ai capi dell'esercito. Era rigorosamente nera, con delle pinne come le auto americane degli anni Cinquanta, ma molto meno elegante. Gigantesca, lunga quasi sei metri e larga due. E pesante, tutta fatta con quell'acciaio vanto dell'industria sovietica.

Era dentro una Chaika che viaggiava Enrico Berlinguer sulla strada verso l'aeroporto di Sofia. Nell'auto sedevano un autista, un interprete, due alti funzionari del Partito comunista bulgaro e quell'uomo piccolo e silenzioso che da non molto era arrivato alla guida del Pci. La sua era stata una di quelle visite «diplomatiche», quelle che una volta si chiamavano incontri tra partiti fratelli. Ma c'era stato ben poco di fraterno nei colloqui con il segretario comunista bulgaro Zhivkov. Tanto che la visita era stata accorciata e Berlinguer stava riprendendo la via dell'Italia. Su un viadotto il corteo delle vetture (la prima con una scorta di polizia, la seconda con Berlinguer, la terza con i dirigenti del Pci che avevano accompagnato il segretario) si era sfilacciato: l'auto della polizia era scomparsa. Qualche secondo dopo un enorme camion da trasporto pieno di pietre cambiò corsia e si buttò contro la Chaika di Berlinguer. Alla guida un uomo dei corpi speciali dell'esercito. Le foto fanno paura: lamiere contorte, l'auto che rischia di cadere dal viadotto, trattenuta da un palo d'acciaio contro il quale si è conclusa la sua corsa.

È una spy story? No, è quello che davvero è avvenuto il 3 ottobre 1973 e che questo libro documenta con dovizia di particolari e di fonti. L'interprete morì sul colpo, Berlinguer uscì ferito dall'auto, i due dirigenti bulgari vennero estratti in condizioni allarmanti. Cosa è successo su quella strada a pochi chilometri dall'aeroporto di Sofia? Un incidente? Un attentato? Fasanella e Incerti mettono sul terreno tutte le prove, e la bilancia non può che pendere dalla parte dell'attentato. Il loro lavoro è curato, mette in luce quello che c'è (i verbali degli incontri falliti tra Berlinguer e Zhivkov, le fotografie fortunosamente recuperate dal fotografo a cui all'inizio erano state sequestrate) e anche quello che non c'è, ovvero i documenti dei servizi e del Partito comunista bulgaro che sono stati fatti scomparire. È impossibile che nessuno sia stato chiamato a indagare e riferire su quello che era successo al segretario del più grande partito comunista dell'Occidente durante una visita ufficiale.

Berlinguer non si doveva fidare molto dei bulgari se, davanti alle pressanti sollecitazioni per un ricovero in ospedale e alla prospettiva di una degenza che si annunciava lunga, pretese (anche a muso duro) di partire subito, mobilitando l'ambasciata e il governo italiano, che inviò un aereo-ambulanza.

Arrivato a Ciampino, Berlinguer di quell'incidente parlò pochissimo. Solo a Emanuele Macaluso e alla moglie: a loro disse di aver sospettato un attentato camuffato da incidente. E tutti e due tennero queste confidenze per sé fino al 1991. Parlò per primo Macaluso, proprio a Fasanella e Incerti. E fu accolto da molte reazioni di incredulità e anche di scherno. Letizia Berlinguer chiese un'intervista all'«Unità», nella quale confermò che il marito aveva avuto questo terribile sospetto. Oggi quel lungo silenzio e le parole di derisione con cui furono accolte le rivelazioni ci fanno riflettere. Prima di tutto su un rapporto tra il Pci e il mondo del «socialismo realizzato» che era fatto di dissenso e di sfiducia (reciproca) ma non ancora di esplicita separazione: nel 1973 la logica dei blocchi pesava come pesavano in un mondo ancora tagliato in due le appartenenze. Erano gli anni del Vietnam e del Cile, della guerra e dell'uccisione di Allende. Erano però anche anni di grandi cambiamenti dentro il Pci, prima con la posizione assunta sulla Cecoslovacchia, poi con l'elezione di Berlinguer alla segreteria. Non sembri strumentale, ma in quest'arco di cinque anni c'era stata anche l'emersione di una generazione di militanti e di iscritti, quelli che avevano fatto il Sessantotto e che non avevano mai avuto quel legame viscerale e affettivo con l'Urss, e che anzi facevano dell'antiautoritarismo una bandiera. Qualcuno l'ha raccontata semplicemente come la generazione degli estremisti, ma a ben guardare fu per il Pci la generazione del compromesso storico e di Berlinguer.

Ecco un altro elemento che leggendo questo libro bisogna tenere ben presente. L'«incidente», come abbiamo detto, avvenne il 3 ottobre 1973. Solo la settimana precedente sulle colonne di «Rinascita» era uscito il primo della serie di articoli di Berlinguer (l'ultimo uscì il 12 ottobre) che avrebbe delineato il «compromesso storico». Il segretario aveva probabilmente scritto l'intero saggio, dividendolo poi per una pubblicazione «per parti». Anche questo era anomalo ma significativo. Berlinguer aveva sviluppato un ragionamento che avrebbe portato il Pci su un diverso asse politico. Era cosciente di quanto complicato fosse spostare l'orientamento di tutto il partito sulle sue nuove posizioni e pensò che un dibattito che avesse tre settimane per svilupparsi avrebbe ottenuto risultati migliori. Uno storico come Piero Melograni ha stabilito, proprio parlando di questo libro, una connessione diretta tra quegli articoli e l'«incidente» di Sofia, stabilendo una connessione interessante: l'idea di un Pci che entrasse nell'area governativa attraverso il voto e attraverso un'intesa con la Democrazia cristiana non piaceva a nessuna delle due superpotenze. Non piaceva a Mosca, dove si temeva una rottura dei confini dei blocchi (se il Pci poteva governare, perché in Polonia non poteva esserci un vero partito dei cattolici che contendesse il governo ai comunisti? si chiede Melograni), ma non era ben vista neppure da Washington, che mantenne un atteggiamento attivamente ostile anche al governo dell'astensione e a quello di unità nazionale, con una contrapposizione sia a Berlinguer sia a Moro.

Quello che Berlinguer sta compiendo proprio nei giorni in cui la Chaika su cui viaggia viene fatta a pezzi da un camion militare bulgaro non è certo il primo passo in un rinnovamento radicale del partito, ma è probabilmente quello più importante. Quattro anni dopo quest'uomo schivo e apparentemente fragile andrà a Mosca per dichiarare davanti a Breznev e a tutto il mondo comunista di considerare la democrazia un bene irrinunciabile.

Che qualcuno volesse chiudere la bocca a un uomo così anche con i mezzi più oscuri, con i complotti e il sangue, è possibile. Probabile. Forse vero.

Introduzione

di Giuseppe Vacca

Questo libro ha un'origine lontana. Nell'ultimo numero di ottobre del 1991 «Panorama» pubblicò un'intervista di Giovanni Fasanella a Emanuele Macaluso, nella quale l'autorevole dirigente del Pci, da poco divenuto Pds, rivelava che l'incidente automobilistico del 3 ottobre 1973 a Sofia, dal quale Enrico Berlinguer era uscito miracolosamente indenne, era stato in realtà un attentato. La rivelazione, in seguito suffragata da un'intervista all'«Unità» della signora Letizia, vedova di Berlinguer, suscitò una vasta eco e reazioni contrastanti.

Nel numero successivo della rivista, a sostegno delle dichiarazioni di Macaluso, Fasanella delineò i rapporti assai tesi e conflittuali tra la leadership sovietica e Berlinguer fin dalla sua ascesa alla vicesegreteria del partito, nel marzo 1969. Infine, insieme a Corrado Incerti, si recò in Bulgaria e su «Panorama» del 9 e 16 novembre 1991 ricostruirono insieme l'attentato attingendo a testimonianze autorevoli e fonti inedite che ne documentavano la dinamica e le motivazioni.

Quindici anni dopo Fasanella e Incerti hanno ripreso

quella indagine e l'hanno arricchita con nuovi documenti provenienti dall'archivio storico del Pci, dal dossier Mitrokhin e dall'inchiesta dei giudici Ionta e De Ficchy sui finanziamenti di Mosca al Pci; inoltre, si sono giovati di nuove testimonianze della famiglia Berlinguer e dello stesso Macaluso. Ne è venuta fuori un'inchiesta giornalistica che non si limita a raccontare un episodio oscuro, oggetto, a suo tempo, di un clamoroso scoop, ma ci restituisce a grandi linee, con un racconto affascinante e informato, il quadro dei rapporti fra il Pci e il Pcus negli anni Settanta, le loro differenze e le aspre tensioni, i temi del loro contrasto e i colori di due «mondi» diversi, sempre meno comunicanti fra loro.

Fasanella e Incerti offrono così al lettore un prodotto raro nella pubblicistica italiana: un'inchiesta giornalistica documentata, nella quale gli autori mostrano di padroneggiare eventi e contesti, illuminano fatti e personaggi, rievocano universi ideali e culturali; insomma, raccontano la storia a un vasto pubblico operando sulla sedimentazione della sua memoria in modo efficace e utile a far percepire la verità di vicende rilevanti del passato, dalle quali vengono molte spiegazioni alle vicende successive della politica italiana: per esempio, la vitalità del nuovo partito sorto dalle ceneri del Pci che non sarebbe pensabile se la sua storia fosse stata quella d'un partito comunista tipico.

Che l'incidente automobilistico occorso a Berlinguer in Bulgaria fosse in realtà un attentato non può essere documentato in modo incontrovertibile sia perché, già ai tempi dell'inchiesta di «Panorama», Fasanella e Incerti verificarono la distruzione sistematica dei documenti che avrebbero potuto acclarare l'accaduto, sia perché, quando i servizi segreti compiono azioni di tale natura, difficilmente lasciano tracce che permettano di decifrarle: in Bulgaria come in qualunque altro Paese al mondo. Ma i due autori hanno raccolto una messe copiosa di testimonianze e indizi che conforta la tesi dell'attentato, di cui del resto Berlinguer per primo ebbe subito percezione.

Gli appunti inediti di Berlinguer sul primo colloquio avuto con il premier bulgaro Zhivkov nell'ottobre '73, di cui Fasanella e Incerti hanno preso visione presso l'Istituto Gramsci, descrivono un conflitto acutissimo sulla repressione della Primavera di Praga e dimostrano quanto Zhivkov fosse più rigido dello stesso Breznev nella politica internazionale del campo socialista; ma il verbale inedito dell'incontro fra Berlinguer e Breznev di pochi mesi prima, custodito anch'esso dall'Istituto Gramsci, dimostra che il dissidio originato dall'intervento sovietico in Cecoslovacchia nel '68 non si era mai sopito e che anche con Breznev Berlinguer teneva ferma la posizione «di principio» del Pci. Com'è noto, si tratta di un capitolo cruciale della storia del Partito comunista che ebbe grandi implicazioni per la politica italiana, per la politica sovietica e per gli equilibri della guerra fredda in Europa.

Procedendo per rapidi cenni, sotto la leadership di Berlinguer (ma già prima con Longo) nei primi anni Settanta il Pci oltrepassava i suoi vecchi confini e cominciava a porsi in sintonia con i processi di modernizzazione di cui erano protagonisti non solo la classe operaia ma anche i nuovi ceti medi, i movimenti giovanili e femminili, l'intellettualità diffusa. Saltati gli equilibri del regime di bassi salari e bassi consumi su cui si era basato il «miracolo economico» (un eccezionale avanzamento dell'Italia nella competizione internazionale), il Paese era alla ricerca di un nuovo modello di sviluppo ed esigeva un profondo ricambio di classi dirigenti. Ma questo era bloccato dal fatto che il più grande partito di opposizione era un partito comunista che, contrariamente a quanto i suoi avversari interni e internazionali avevano sempre pensato, a mano a mano che il Paese cresceva diventava sempre più forte; non gli si poteva dunque negare legittimità, ma si cercava comunque di escluderlo dall'area di governo.

Consapevole del fatto che, a causa dei vincoli internazionali, il ricambio delle classi dirigenti non si poteva perseguire con una «normale» strategia dell'alternanza, Berlinguer aveva avviato la ricerca di un nuovo patto tra le forze politiche fondamentali della Repubblica per cercare insieme nuove soluzioni di governo, basate su rassicurazioni reciproche. Insomma, la strategia del «compromesso storico», enunciata da Berlinguer nel terzo articolo delle sue «Considerazioni sui fatti del Cile» pubblicato su «Rinascita» poco dopo la visita in Bulgaria, era già stata tracciata nel congresso di Milano del marzo 1972 (quello nel quale era stato eletto segretario).

La crisi del centrosinistra e gli spostamenti provocati dalla «rivoluzione sociale» del 1968-69 facevano del Pci un oppositore sempre più influente e ascoltato nelle più delicate decisioni di governo. Erano cambiati anche i regolamenti parlamentari, che rendevano le posizioni dei comunisti sempre più vincolanti per il governo. Lo slogan agitato nei discorsi e nei comizi, che senza il Pci non si potesse governare, rispecchiava insomma un mutamento reale della situazione, grazie al quale, pur restando all'opposizione, il Pci era diventato una forza di governo.

Elemento fondamentale della sua evoluzione fu la politica internazionale. Nell'agosto '68, condannando l'invasione sovietica in Cecoslovacchia, il Pci aveva spinto le sue divergenze da Mosca fino ai limiti di un aspro conflitto. Esse riguardavano sia la concezione della democrazia e del socialismo sia la politica di potenza dell'Urss. L'appoggio del Pci alla *Ostpolitik* di Brandt aveva un carattere diverso dal gradimento che di essa esibiva Mosca, poiché per il Pci promuovere la distensione significava favorire la riforma del «socialismo reale», mentre per il Pcus essa doveva limitarsi a rafforzare il bipolarismo e la stabilità della sfera di influenza sovietica in Europa.

Inoltre, nel processo di distensione, culminato negli accordi di Helsinki del 1975, il Pci faceva da sponda all'azione decisa di monsignor Casaroli e del Vaticano in difesa dei «diritti umani».

Infine, esso si avviava a riconoscere le alleanze internazionali dell'Italia. Fino all'avvento di Gorbaciov la stabilità dei blocchi era il cardine della politica estera dell'Urss, che non intendeva certo mettere in discussione la sfera d'influenza americana in Europa. Ma, poco dopo l'elezione alla segreteria Berlinguer aveva promosso un riallineamento complessivo della politica internazionale del Pci che, muovendo dall'obiettivo di «un'Europa né antisovietica, né antiamericana», pervenne rapidamente a riconoscere – Fasanella e Incerti lo ricordano puntualmente – che per il tipo di socialismo a cui il Pci guardava l'appartenenza dell'Italia alla Nato non era un impedimento, ma piuttosto una garanzia.

Ultimo, ma non meno importante, dal '71 gli Stati Uniti avevano scongelato la situazione internazionale della

Cina e allacciato con essa relazioni importanti in funzione antisovietica. Dal canto suo il Pci auspicava una evoluzione multipolare degli equilibri mondiali e nel '79 si pronunciò solennemente per il riconoscimento del molo di grande potenza della Cina.

Nella visione dicotomica della guerra fredda, che con Breznev si era ulteriormente irrigidita (dopo la repressione della Primavera di Praga egli aveva proclamato la dottrina della «sovranità limitata» dei Paesi satelliti dell'Urss), non era tollerabile che un partito comunista perseguisse una politica internazionale autonoma da Mosca e, secondo la logica amico-nemico tipica della guerra fredda, il Pci passava dal rango di alleato infido a quello di sfidante pericoloso.

In verità la politica di Berlinguer aveva effetti destabilizzanti per il blocco sovietico. Essi procedevano lungo tre direzioni: la prima riguardava le relazioni sovietiche con gli Stati Uniti, che avrebbero potuto avere seri contraccolpi se il Pci fosse arrivato al governo, poiché ciò avrebbe provocato gravi reazioni americane. La seconda riguardava l'effetto domino che una politica estera italiana influenzata dal Pci avrebbe provocato nei Paesi dell'Est europeo, sempre più insofferenti verso il dominio sovietico. Malgrado la normalizzazione della Cecoslovacchia, all'interno dei partiti comunisti dell'Europa centrale e orientale non mancavano correnti «riformistiche» che guardavano alla politica di Berlinguer con interesse. La terza direzione era la politica dei «diritti umani» che colpiva le fondamenta del totalitarismo sovietico. La dottrina dell'eurocomunismo non era stata ancora proclamata, ma il Pci già la praticava nei fatti, e nella seconda metà degli anni Settanta essa avrebbe registrato convergenze significative con l'eurosocialismo di Willy Brandt, Olof Palme, Bruno Kreisky e François Mitterrand.

L'inchiesta di Fasanella e Incerti su «Panorama» rivelò che nei primi anni Settanta la politica di Berlinguer aveva interlocutori attivi persino in Bulgaria, e in seguito Gorbaciov avrebbe testimoniato che il comunismo italiano, da Gramsci a Berlinguer, aveva influenzato anche i riformatori sovietici della sua generazione. Si può fondatamente ritenere, quindi, che i servizi segreti bulgari, d'intesa con quelli sovietici, pensassero di fermare Berlinguer simulando un incidente mortale.

In sintesi, dopo il '68 l'Europa centrale e orientale era divenuta un terreno sempre più instabile per il potere sovietico; la politica del Pci, la sua crescente influenza internazionale, il suo avvicinamento all'area di governo erano un fattore di destabilizzazione tanto più insidioso perché ancora interno al movimento comunista internazionale. Inoltre, il suo radicamento in una nazione democratica, l'evoluzione della sua cultura politica e la sua visione della democrazia e del socialismo postulavano un rivolgimento profondo dei Paesi socialisti e ne facevano un polo di attrazione per le correnti riformistiche operanti al loro interno.

Partendo dall'attentato, il libro di Fasanella e Incerti annoda vicende ed episodi della politica sovietica, europea e italiana di quegli anni che ci restituiscono un'immagine del Partito comunista italiano quale effettivamente era e che le metanarrazioni ideologiche sopravvenute alla fine del comunismo sovietico hanno tentato di stravolgere e cancellare.

Naturalmente tutto ciò non è accaduto per caso e venne favorito dal fatto che i dirigenti del Pci attesero la caduta del Muro di Berlino per tirare le conclusioni di una storia tanto diversa da quella del «comunismo storico», soprattutto dal '68 in poi. Il tema esula dai confini di questo libro; tuttavia gli autori ci forniscono uno spunto interessante per cercare una risposta a quella aporia.

Nel '73 lo stesso Berlinguer aveva confidato i suoi sospetti solo alla moglie Letizia e a Macaluso, ma aveva evitato d'informarne il partito poiché la notizia dell'attentato avrebbe reso inevitabile una rottura con Mosca. E quando, diciotto anni dopo, Fasanella pubblicò l'intervista a Macaluso, dirigenti di primo piano di tradizione riformista come Galluzzi e Bufalini, e lo stesso Natta, si rifiutarono di credere che si fosse trattato di un attentato: non solo non ne avevano avuto contezza, ma non l'avevano neppure sospettato e nemmeno ora lo ritenevano credibile.

Eravamo alla fine del 1991, il «socialismo reale» era finito, il Pci si era trasformato in Pds raggiungendo i ranghi dell'Internazionale socialista e anche l'Urss si stava dissolvendo. Tuttavia quei dirigenti, che avevano condiviso l'intera parabola della differenziazione del Pci dall'universo sovietico, sebbene avessero vissuto non solo i travagli di un conflitto sempre più aspro, ma anche le vicende terribili dell'infiltrazione sovietica nel terrorismo italiano, conservavano ancora un'immagine benevola e amichevole dell'Urss: introiettata in una vita di appartenenza al mondo comunista, essa resisteva persino alla sua fine e alla fine del Pci. La loro testimonianza si può considerare un documento significativo dell'ambivalenza con cui i dirigenti del

Pci, compreso Berlinguer, avevano vissuto il dissidio politico con Mosca anche quando esso divenne lacerante (si pensi allo «strappo» dell'81, dopo il colpo di Stato di Jaruzelski in Polonia) e delle ragioni per cui attesero il crollo del «socialismo reale» per separarsi da esso.

Ricordare Berlinguer

Nel 1973, durante una visita ufficiale nella Bulgaria comunista, il segretario del Pci Enrico Berlinguer ebbe un incidente stradale. Si salvò per miracolo. Nel 1991 il settimanale «Panorama» rivelò che non si era trattato di un incidente ma di un attentato organizzato dai servizi segreti di Sofia e che di questo era convinto per primo lo stesso Berlinguer, come leggerete nelle pagine seguenti, in cui l'episodio è ricostruito nei minimi dettagli sulla base di testimonianze dirette e documenti di primissima mano provenienti da archivi sia italiani che bulgari. La notizia fece il giro del mondo, provocando le reazioni più disparate. Fra tutte, paradossalmente, le più sorprendenti furono proprio quelle dei dirigenti comunisti italiani. I più anziani, che avevano percorso con il leader un lunghissimo tratto di strada condividendone aspirazioni ed esperienze politiche, si affrettarono a smentire la notizia. I più giovani, che pure si erano formati alla scuola berlingueriana, dissero che l'«incidente» di Sofia non li riguardava: «Noi siamo ormai un'altra cosa» lo liquidò Achille Occhetto, l'ultimo segretario del vecchio Pci, ormai proiettato in un'altra dimensione.

Era appena caduto il Muro di Berlino. La guerra fredda stava finendo. Il blocco sovietico si scioglieva come neve al sole. E la generazione allevata e promossa da Berlinguer pensò di salvarsi dalla catastrofe cambiando nome e simbolo del partito. Ma si illuse che bastasse un'operazione di maquillage per difendersi dall'incalzare della cronaca e, al tempo stesso, per regolare i conti con la storia. Perciò, che i bulgari e la gerontocrazia dell'Est avessero tentato di ammazzare il capo del comunismo italiano li lasciava del tutto indifferenti. Era un episodio che non riguardava né loro né i milioni di cittadini che avevano simpatizzato per quel partito, molti dei quali credendo che il mondo perfetto si fosse materializzato nel socialismo reale dell'Est. E, in definitiva, che servizi segreti d'oltrecortina avessero tentato di cambiare traumaticamente la strategia di uno dei partiti italiani più influenti, eliminandone fisicamente il segretario – condizionando quindi anche il corso della politica del nostro Paese –, non riguardava neppure l'opinione pubblica *non* o *anti* comunista. Insomma, nessuna spiegazione era dovuta.

La verità è che la notizia, perforando la crosta di segretezza sotto la quale era rimasta protetta per ben diciotto anni, aveva portato in superficie un passato ritenuto imbarazzante. Troppo imbarazzante per generazioni di dirigenti che non vedevano l'ora di sigillare tutti gli armadi. Sbagliando, però. Perché cancellando con un colpo di spugna l'intera esperienza del Pci, insieme con la polvere, sotto il tappeto fu nascosta anche la parte più nobile di quella tradizione. Se scattò un riflesso condizionato, retaggio di una psicologia e di una vecchia cultura politica, se pesò una sorta di istinto di sopravvivenza o se ci furono anche malafede e cattiva coscienza, è difficile dirlo. Beppe Vacca e Walter Veltroni ne accennano nelle loro prefazioni. Alle loro considerazioni vorremmo aggiungere le nostre.

Enrico Berlinguer fu senza dubbio il leader comunista italiano più carismatico, il più amato e rispettato nel nostro Paese e all'estero. Sotto la sua guida, il Pci conquistò nella prima metà degli anni Settanta una forza elettorale mai ottenuta da un partito marxista attraverso libere elezioni, raggiungendo percentuali che nei decenni successivi tutte le forze di centrosinistra messe insieme avrebbero a malapena sfiorato. Ed espresse il massimo della cultura di governo compiendo, sia in politica interna che estera, scelte strategiche irreversibili. Eppure, non è riuscito a sottrarsi al più curioso dei destini. Da vivo, fu combattuto con ogni mezzo dai suoi nemici. Da morto, i più leali degli avversari ne hanno riconosciuto le qualità e i meriti, mentre i suoi amici, a parte qualche eccezione (Emanuele Macaluso, che rivelò a «Panorama» i sospetti di Berlinguer sull'incidente di Sofia, e Walter Veltroni, legato al leader comunista da un affetto profondo), hanno tentato di demolirne il mito e a volte persino, appunto, di cancellarne la memoria. Salvo aggrapparsi al suo nome quando lo imponevano le circostanze. Soprattutto quando le necessità contingenti della lotta politica o le disavventure giudiziarie consigliavano un buon uso della sua immagine e della sua indiscussa moralità. Sulla scia di Occhetto, per i segretari dei partiti postcomunisti, che si chiamassero Pds, Ds o Pd, prendere le distanze da Berlinguer era quasi un obbligo. Una specie di rito d'iniziazione per legittimare la propria leadership in ambienti tradizionalmente ostili alla sinistra. Un visto d'ingresso in certi salotti del potere, persino quelli più ovattati, che si guardavano bene dal raccontare gli aspetti meno edificanti della storia dell'anticomunismo, ma che pretendevano dagli altri continui esami di maturità. Così, mentre i suoi allievi si «ripulivano», al vecchio capo, scomparso nel 1984 per un malore che lo aveva colpito durante un comizio elettorale, è stata addebitata ogni sorta di errori e manchevolezze.

Fu pubblicata persino un'«antologia» dei limiti berlingueriani: un libro della giornalista Miriam Mafai, storica militante del Pci e compagna di una vita di uno dei suoi esponenti più prestigiosi, Giancarlo Pajetta. Uscì nel 1996, all'indomani della vittoria del centrosinistra guidato da Romano Prodi, con il perentorio titolo *Dimenticare Berlinguer*, dipinto come un leader prigioniero di una vecchia cultura, in ritardo su tutti gli appuntamenti della storia, un moralista, un illuso, un personaggio estraneo alla realtà del Paese e isolato all'interno del suo stesso partito. Insomma, una palla al piede della sinistra, una zavorra di cui liberarsi il più rapidamente possibile e per sempre. Quel libro apparve ingeneroso persino a uno storico, irriducibile avversario del Pci come Indro Montanelli, che sentì il dovere di prendere pubblicamente le difese di Berlinguer: «Anche le luci nel pamphlet della Mafai servono per far meglio risaltare le ombre».

Il parricidio si consumò definitivamente quando Piero Fassino venne eletto alla segreteria dei Ds, all'inizio del Duemila. Una carriera da funzionario sempre pronto a obbedire al partito e a servire ogni «rivoluzione», purché preventivamente autorizzata dall'alto, il «grissino di ferro», come lo ribattezzò il giornalista Giampaolo Pansa per via del suo fisico allampanato, per una volta volle dare l'impressione di anticipare i tempi. E scrisse anche lui un libro, *Per passione,* in cui auspicava il definitivo «taglio delle radici». Attraverso la propria biografia, narrò una storia della sinistra dagli anni Settanta all'ascesa di Silvio Berlusconi, il cui filo conduttore, naturalmente, era la sequela di errori commessi da Berlinguer. Il più grave di tutti, il conflitto che a cavallo tra la fine dei Settanta e l'inizio degli Ottanta lo vide contrapporsi ferocemente al segretario socialista Bettino Craxi. Manco a dirlo, in quel duello all'interno della sinistra il berlinguerismo incarnava la conservazione, mentre il craxismo era la quintessenza della modernità. Proprio il mea culpa che i salotti intellettuali promossi dal leader socialista all'epoca della «Milano da bere» volevano sentir pronunciare da un ex comunista. Sopravvissuti alla rovinosa caduta del loro mentore ma ancora molto potenti, riconoscenti, quei salotti ringraziarono assegnando a Fassino il Premio Capalbio 2003. Anche se, caso più unico che raro, *Per passione* non era ancora arrivato nelle librerie. L'anomalia fu denunciata da Pansa, anche lui premiato, ma che per decoro e per protesta non si presentò a ritirare il riconoscimento: «Una cosa irreale, un premio a un volume che non è ancora stato sottoposto al vaglio dei lettori e della critica» spiegò il giornalista sbalordito.

Certo, Berlinguer non era infallibile, come tutti i grandi leader della storia, del resto. Non sempre vide con lucidità. Il suo percorso non fu lineare e privo di contraddizioni. Commise degli errori. Ma era un uomo politico costretto ad agire entro i limiti angusti del suo tempo, con le lentezze, la prudenza, i condizionamenti imposti dalla guerra fredda e dalla politica dei blocchi. Ed è proprio di questo che i suoi detrattori non hanno mai tenuto conto. La sua figura, la sua azione e il suo pensiero sono stati del tutto decontestualizzati per essere sottoposti a un esame frettoloso e superficiale, con un giudizio scontato già in partenza, perché funzionale a interessi tattici contingenti. Dopo la caduta del Muro e la catastrofe del comunismo sovietico, l'ansia da accreditamento dei postcomunisti italiani era talmente forte che Berlinguer finì per essere usato come l'agnello sacrificale. E il parametro per misurarne il valore è stato quasi sempre ed esclusivamente il suo rapporto con Craxi: quanto più disprezzava o combatteva il leader socialista, tanto più quello comunista era miope e conservatore. Eppure, senza voler demonizzare il leader socialista, sarebbe bastato uno sguardo sia pure da lontano sulle macerie del craxismo per consigliare maggior prudenza, evitando la tentazione dei giudizi definitivi. Però la politica, si sa, essendo l'arte del possibile, necessita di una buona dose di cinismo. E il cinismo, soprattutto quando si applica alla storia, porta molto spesso a piegare i fatti agli interessi contingenti. Ma è un esercizio molto pericoloso. Perché finisce inevitabilmente per ritorcersi contro, come una sorta di legge del contrappasso.

Quando Fassino, lo stesso Fassino del «taglio delle radici», finì impigliato nelle maglie di una vicenda poco edificante che riguardava il rapporto tra il suo partito e la banca Monte dei Paschi di Siena (poi fortunatamente conclusasi senza danni giudiziari), per difendersi non trovò di meglio che invocare il suo maestro di moralità, Berlinguer. E in tempi più recenti, Occhetto, lo stesso Occhetto del «noi siamo ormai un'altra cosa», quando ha tentato di rientrare sulla scena politica dopo anni vissuti nell'ombra, in un libro pubblicato nel 2013 *(La gioiosa macchina da guerra. Veleni, sogni e speranze della sinistra)* ha dovuto restituire il maltolto, rivelando che l'idea di cambiare nome al Pci l'aveva avuta Berlinguer molto prima di lui. Quando il Muro non era ancora crollato, l'impero di Mosca era ancora potente e le politiche coraggiose erano considerate eretiche. E comportavano anche dei rischi personali.

Berlinguer non va certo santificato. Sarebbe un errore pari alla sua rimozione aggrapparsi nostalgicamente al suo mito, in un'epoca in cui la sinistra sembra aver smarrito la strada ed è in cerca di una propria identità. Va semplicemente ricordato. Ricordato storicamente, inquadrandone la figura nel suo tempo e nel suo contesto, dando a lui quello che è suo. Era miope la politica del compromesso storico, della pacificazione tra i grandi nemici della guerra fredda per sbloccare il sistema politico e preparare il regime dell'alternanza, fisiologica in tutte le democrazie mature? Era moralismo bigotto denunciare il legame patologico tra partiti, istituzioni e malaffare? Era da conservatori invocare l'austerità, la sobrietà nella spesa pubblica come condizione per lo sviluppo? Era antiquato dire con chiarezza che, fra il terrorismo e lo Stato, un partito con cultura di governo e senso delle istituzioni sceglie senza tentennamenti lo Stato? E significava essere prigionieri di una «vecchia cultura comunista» portare sino alle estreme conseguenze lo «strappo» da Mosca?

Erano tutti temi che Berlinguer aveva posto al centro della propria agenda politica in tempi in cui era davvero difficile farlo. Perché erano ritenuti «eversivi», in un'epoca in cui i leader politici più lungimiranti erano costretti a muoversi lungo la lama di un rasoio, tanto forti erano i condizionamenti della guerra fredda. Non sarà un caso se i due principali protagonisti di quella stagione, Berlinguer e il suo interlocutore moderato Aldo Moro, furono il primo preso di mira da un camion dei reparti speciali dell'esercito bulgaro e il secondo, pochi anni dopo, assassinato dalle Brigate Rosse? A Berlinguer vanno riconosciuti meriti storici. Che emergono con evidenza dalla ricostruzione del contesto in cui maturò l'«incidente» di Sofia. E, ancora di più, dalle sue scelte politiche dopo quell'episodio: la sua intima convinzione di essere sfuggito a un attentato non fu certo estranea alla decisione di accelerare il distacco da Mosca e l'avvicinamento del Pci all'Occidente democratico, come leggerete nelle pagine seguenti. E ben vengano anche le riflessioni critiche sul suo operato. Purché siano accompagnate da domande ineludibili per i suoi successori: perché le sue intuizioni sono rimaste lettera morta? Perché, a decenni di distanza dalla sua scomparsa, molti dei problemi da lui lucidamente denunciati sono ancora lì a marcire? Mica può essere tutta colpa sua!

1

Il sospetto di Berlinguer

«Berlinguer mi disse che lui aveva il sospetto... Dovrei rivelare una notizia delicatissima...»

Una frase sospesa, come interrotta da uno scrupolo improvviso. Quando Emanuele Macaluso la pronunciò, l'intervista era ormai alle ultime battute.

«Che cosa sospettava? Quale notizia?» domandammo incuriositi. Seduto alla sua scrivania, seminascosto dietro una montagna di carte e libri, gli occhi lucidi per l'emozione, il senatore rimase in silenzio per alcuni istanti, incerto se proseguire o lasciar cadere il discorso. Poi rispose: «Sospettava che non fosse stato un incidente... Sì, l'incidente che Enrico ebbe in Bulgaria nel 1973, durante una visita ufficiale...».

Un incidente? Rimanemmo sorpresi. Non ricordavamo che il segretario del Pci avesse avuto un incidente in Bulgaria. E la nostra sorpresa fu ancora più grande di fronte alla notizia dei dubbi di Berlinguer. Non era un incidente? E che cos'era, allora?

«Il 3 ottobre 1973» raccontò Macaluso, «Enrico si stava recando all'aeroporto di Sofia per rientrare a Roma.

All'improvviso, un camion investì la sua auto. Lui se la cavò con alcune ferite, ma il suo interprete morì sul colpo... No, non fu un banale incidente. Fu un attentato organizzato dai servizi segreti bulgari per conto del Kgb. Lo stesso Berlinguer ne era convinto. Fu proprio lui a dirmelo, una volta rientrato in Italia. Ma non voleva assolutamente che se ne parlasse e mi impose di non rivelare a nessuno le sue confidenze.»

Un segreto custodito per diciotto anni. Era un pomeriggio di fine ottobre 1991, quando Macaluso lo svelò a «Panorama» durante un lungo colloquio su Berlinguer, sul Pci (che si era appena trasformato in Pds) e sui loro rapporti con l'Urss. Il tema, in quel momento, era al centro di intense campagne di stampa e di un'aggressiva polemica politica. Nonché di un'inchiesta della Procura romana, alimentata da uno stillicidio di «rivelazioni» dagli archivi dell'Est sui finanziamenti di Mosca ai comunisti italiani e sull'esistenza di una rete paramilitare occulta del Pci che agiva alle dirette dipendenze del Kgb.

Il Muro di Berlino era crollato, il Patto di Varsavia era al collasso, l'Unione Sovietica stava per essere cancellata persino dalla carta geografica, e dai suoi armadi, un tempo inaccessibili, poteva uscire di tutto. A Mosca, bastava una manciata di dollari a un qualche solerte ex funzionario per procurarsi qualsiasi documento al mercato nero dei dossier riservati. E di carte, in Italia, ne arrivavano a getto continuo.

Che il Pci avesse avuto solidi rapporti con il Pcus e che da questo fosse stato abbondantemente finanziato, era un segreto di Pulcinella. Lo si sapeva da quasi mezzo secolo. Com'era noto, del resto, che i partiti anticomunisti erano stati a loro volta sostenuti dalla Cia anche a suon di dollari. Tutti sapevano che negli anni della guerra fredda la politica italiana si finanziava così. Tuttavia, quella verità non si poteva dire. Per una sorta di pudore. O, molto più probabilmente, per salvare una parvenza di autonomia nazionale. Ma, dopo la caduta del Muro, in Italia c'erano ancora troppi veleni in circolo. E troppi erano ancora i conti da regolare.

Proprio un anno prima dell'incontro con Macaluso, nel 1990, pressato dal giudice veneziano Felice Casson, Giulio Andreotti aveva rivelato l'esistenza di Gladio, la rete clandestina paramilitare allestita dagli americani dopo la guerra: sarebbe entrata in azione nel caso in cui l'Italia avesse subìto un'invasione da Est. Il Pds pensò di aver finalmente trovato la chiave di tutte le trame e di tutti i complotti anti-Pci. Così, su Gladio, aveva imbastito un pubblico processo al «quarantennio democristiano». Un processo politico parallelo a quello giudiziario della magistratura veneziana. Alla Dc e ai suoi alleati sembrava un'ingiustizia che gli eredi di un partito comunista sconfitto dalla storia tentassero ora di prendersi una rivincita attraverso il giudice Casson. E pensarono di riequilibrare i conti utilizzando gli archivi di Mosca e la Procura romana.

Le carte che arrivavano dall'Est dicevano che i finanziamenti al Pci e ai suoi giornali («l'Unità» e «Paese Sera») erano proseguiti ben oltre la rottura definitiva dei rapporti fra i due partiti, avvenuta dopo il colpo di Stato in Polonia del 1981, l'anno dello «strappo» di Berlinguer. Persino nell'era gorbacioviana il Pcus era stato prodigo di aiuti. «Per quanto ne sappiamo» spiegarono i leader del Pds, Achille Occhetto e Massimo D'Alema, «i finanziamenti al

Pci si interruppero nel 1977. Se sono proseguiti negli anni successivi, la faccenda riguarda esclusivamente Cossutta.»

Armando Cossutta era il dirigente che, all'interno del Pci, si era opposto allo «strappo» di Berlinguer e, qualche anno più tardi, dopo la nascita del Pds, se n'era andato dal partito per dar vita a una nuova formazione politica, Rifondazione Comunista. Nei dossier moscoviti, il suo nome compariva con una certa frequenza, tanto da far pensare che fosse lui il terminale dei flussi finanziari verso Roma. Aiuti che avrebbe utilizzato, secondo i sospetti di Occhetto e D'Alema, prima per combattere la linea antisovietica del segretario, poi per organizzare la scissione.

Cossutta replicò attraverso un'intervista al «Corriere della Sera», firmata da Francesco Merlo e pubblicata il 25 ottobre 1991. Rivelò che appena un anno dopo lo «strappo», nel 1982, due degli uomini più vicini a Berlinguer, Tonino Tatò e Franco Rodano, gli avevano chiesto di intercedere presso i sovietici perché aiutassero «Paese Sera», il quotidiano romano che navigava in pessime acque. Le sue parole proiettavano un'ombra infamante sulla figura del suo storico avversario, Berlinguer. E, come se non bastasse, le condì con minacce e allusioni. Aggiunse infatti di aver registrato su quattro videocassette di un'ora ciascuna tutto quello che sapeva «sui rapporti tra Pci e Urss e sulla politica italiana», e di averle date in custodia a un notaio. A Mosca, spiegò, «c'è un vero commercio di fogli, documenti, pezzi d'archivio, veri, falsi, un po' veri e un po' falsi, una guerra per bande con i suoi morti e feriti». Perciò aveva deciso di cautelarsi: «Ho registrato tutto perché non si sa mai, e sto attento quando attraverso la strada».

Possibile che, un momento dopo aver troncato i rapporti con i sovietici, Berlinguer avesse chiesto il loro aiuto economico? All'epoca della polemica, il leader comunista era morto da sette anni e Tatò, che gli era sempre stato al fianco come portavoce, si affrettò a spiegare che il segretario non sapeva nulla di quell'incontro con Cossutta, ma si era trattato di un'iniziativa personale sua e di Rodano. La campagna contro la figura di Berlinguer e i suoi eredi politici era però ormai partita. Tanta era l'ansia di demonizzazione dell'ex Pci che politici e politologi, giornalisti e storici giunsero persino a mettere in dubbio che uno «strappo» da Mosca ci fosse davvero stato. In quel clima da resa dei conti, in cui la verità storica rischiava di essere distorta da risse di bottega, cancellando di colpo tutta la complessità dell'evoluzione del comunismo italiano, si poteva assistere al paradosso di un Berlinguer dipinto come un petulante accattone. O come uno chaperon del Cremlino. Così il vignettista Giorgio Forattini lo disegnò per una famosa copertina di «Panorama»: al volante di un'auto ufficiale sovietica, con il berretto da autista, mentre Mikhail Gorbaciov, seduto sul sedile posteriore, porge dal finestrino una mazzetta di rubli a Massimo D'Alema e Achille Occhetto, in attesa sul marciapiede, vestiti da prostitute e con in mano copie dell'«Unità» e di «Paese Sera».

Quel pomeriggio d'ottobre 1991, Emanuele Macaluso ci accolse nella sua abitazione romana, in un palazzo anni Trenta nel quartiere Testaccio. Un appartamento non lussuoso, ma ricco di ricordi importanti, come testimoniavano le fotografie alle pareti, sulla scrivania, sui tavolini, nella libreria: tutta la sua vita politica, prima da dirigente sindacale e di partito in Sicilia, poi da leader nazionale del Pci al fianco di Palmiro Togliatti, Luigi Longo ed Enrico Berlinguer. Era avvilito e irritato nello stesso tempo. Un anno prima aveva preso le distanze dai processi al «quarantennio democristiano» e ora non accettava che anche la storia del Pci, parte integrante di quella del Paese, potesse essere ricostruita in un'aula giudiziaria.

Gli chiedemmo di Cossutta e delle sue rivelazioni al «Corriere della Sera». La domanda era la stessa che in quei giorni si ponevano tutti: Berlinguer chiese soldi a Mosca dopo aver rotto i rapporti con il Pcus? Macaluso reagì con la sua tipica smorfia di stizza, reclinando la testa e incassandola nelle spalle. «No, Enrico non era il tipo» rispose. E ricordò che era stato proprio lui, Macaluso, a porre nella direzione del partito la questione di «Paese Sera»: dopo lo «strappo», il giornale si era schierato apertamente su una linea antiberlingueriana, e a spingerlo su quella posizione era stato proprio Rodano, che in quella fase era filosovietico come Cossutta. Berlinguer aveva liquidato la questione rispondendo in modo brusco: «Noi non c'entriamo più nulla con quel giornale e mi rifiuto di discutere il suo orientamento politico in questa sede».

Insistemmo, ricordando che molti mettevano comunque in dubbio la reale portata dello «strappo» tra il Pci e Mosca, bollandolo come una pura operazione di facciata.

«Ma quale operazione di facciata!» si infervorò. «La pura verità è che tra noi e il Pcus c'era un clima di diffidenza e di sospetto reciproci già dagli anni Sessanta. Togliatti stesso, durante le riunioni, misurava sempre le parole: non temeva solo le microspie della Cia e dei servizi segreti italiani, ma anche quelle del Kgb. I sovietici ci spiavano da tempo perché non si fidavano di quello che noi dicevamo nelle occasioni ufficiali. E la diffidenza crebbe quando nel 1969 Berlinguer diventò vicesegretario del partito in attesa di sostituire Luigi Longo.»

Ma perché i sovietici diffidavano in modo particolare di Berlinguer?

«Togliatti, Longo, lo stesso Giancarlo Pajetta criticavano il Pcus, spesso con parole feroci, anche negli incontri ufficiali» rispose. «Ma i sovietici li consideravano uomini della Terza Internazionale, gente di famiglia. Berlinguer no, era considerato un corpo estraneo, uno che non solo avrebbe creato problemi nel blocco socialista, ma avrebbe portato il Pci fuori dall'orbita sovietica verso gli Stati Uniti. Così cominciarono a spiarci sistematicamente. Sapevamo che c'erano microspie nelle stanze d'albergo e nelle sale in cui ci riunivamo. E allora, quando dovevamo parlare di cose delicate, lo facevamo sempre all'aperto. Anche quando ci invitavano all'ambasciata sovietica per qualche ricevimento, preferivamo starcene in giardino. Insomma, i sovietici non gradivano la politica di Berlinguer e ce lo fecero capire in tutti i modi.»

Macaluso si interruppe per alcuni istanti, il tempo di sfogliare tra le carte che aveva sulla scrivania. Poi riprese il racconto: «Personalmente sono stato testimone di diversi episodi di ostilità dei sovietici nei nostri confronti. Ne ricordo due in particolare, perché ne conservo anche memoria scritta. Nel 1969 Berlinguer decise di andare in Corea del Nord, proprio quando i rapporti tra Kim Il-sung e il Pcus erano pessimi. Ma all'ultimo minuto si ammalò e decise di inviare in Corea Antonello Trombadori e me. Dovevamo per forza passare per Mosca, perché non c'erano voli diretti per Pyongyang. Appena arrivati in Urss, però, i sovietici ci dissero che a causa del maltempo i voli erano stati sospesi. Aspettammo quasi una settimana. Alla fine riuscimmo a partire solo perché Kim Il-sung ci mandò a prendere con il suo aereo personale. Arrivati in Corea, ci disse: "Se non l'avessi fatto, qui non ci sareste mai arrivati". L'altro episodio è degli anni Settanta. Pajetta, Bufalini e io andammo a Mosca a difendere il libro che il segretario del Pc spagnolo Santiago Carrillo aveva scritto sull'eurocomunismo. L'incontro che avemmo con Mikhail Suslov e Boris Ponomariov fu durissimo. Io presi appunti... Ci chiesero espressamente di impedire alla nostra casa editrice, gli Editori Riuniti, di pubblicare quel libro in Italia. Arrivarono ad accusare Berlinguer di scivolare lentamente verso gli Stati Uniti. E ancora più duramente accusarono Napolitano di essere troppo amico degli americani».

Data l'opinione che avevano di lui, i sovietici hanno mai tentato di favorire un golpe contro Berlinguer nel Pci?

«Penso che il Kgb abbia avuto un ruolo nelle vicende del terrorismo nostrano. Dirò di più: ne era convinto anche Berlinguer. Ma credo che abbiano fatto molto di più. Berlinguer mi disse che lui aveva il sospetto... Dovrei rivelare una notizia delicatissima...»

«Quale, senatore?» chiedemmo con insistenza di fronte all'improvviso silenzio di Macaluso.

Fu a quel punto che arrivò la rivelazione più sconvolgente: «Penso che abbiano tentato di ammazzarlo».

Ricordava bene quell'episodio, Macaluso. Quando Berlinguer partì per la Bulgaria, nell'autunno 1973, aveva appena pubblicato su «Rinascita», il settimanale del partito, i primi due dei tre saggi di riflessione sul golpe cileno, destinati a cambiare il corso della politica italiana. E stava scrivendo l'ultimo, il più famoso, quello con la proposta del compromesso storico. No, quello scontro frontale sulla strada dell'aeroporto di Sofia non fu un banale incidente. Nella Bulgaria di quegli anni, neppure una mosca sarebbe sfuggita ai servizi di sicurezza. Eppure, nonostante il rigido servizio di sorveglianza, un camion sbucò all'improvviso, incrociò il corteo delle auto ufficiali e andò a centrare proprio quella su cui viaggiava Berlinguer. Il segretario del Pci si salvò, ma il bulgaro che gli faceva da interprete, lo seguiva come un'ombra e sedeva in macchina con lui ci rimise la vita.

Perché il segretario del Pci si era confidato con Macaluso? E perché non venne data pubblicità a una notizia di quella portata? «Quando seppi che Enrico aveva avuto un incidente, subito mi vennero dei sospetti» ci ha raccontato il senatore di recente, quando lo abbiamo nuovamente incontrato per questo libro. Appena avuta la notizia del camion che aveva investito l'auto del segretario, gli era tornato alla memoria un altro strano incidente stradale. Quello capitato nel 1950 a un altro leader del Pci, Palmiro Togliatti: mentre si recava in vacanza in Val d'Aosta, l'auto su cui viaggiava era stata investita da un camion. Una coincidenza impressionante. Ma ancora di più, si era ricordato delle parole che Lavrentji Beria, il capo della polizia segreta staliniana, aveva detto subito dopo a Longo, il dirigente in quel momento più vicino a Togliatti, quando ne parlarono a Mosca. All'italiano che insisteva sulla tesi dell'incidente, Beria rispose tagliando corto: «Noi sappiamo bene come si fanno questi incidenti». Alludeva alla tecnica utilizzata dai servizi sovietici per eliminare personaggi scomodi.

Nel 1973 Macaluso era membro della segreteria del partito e aveva un ufficio in via delle Botteghe Oscure, all'epoca sede centrale del Pci. Quando al mattino arrivava al Bottegone, dopo aver letto i giornali, aveva l'abitudine di entrare nella stanza di Berlinguer per uno scambio di opinioni con lui. Era quasi un rito. Ma quando il segretario rientrò dalla Bulgaria, il senatore aveva un motivo in più per andare a trovarlo.

«Allora, Enrico, l'incidente... Che idea ti sei fatto?»

Spiazzato dalla domanda di Macaluso, la prima reazione di Berlinguer fu di fastidio: «Per carità, non toccare quest'argomento!». Poi, invece, lasciò cadere le difese e raccontò nei dettagli quello che era accaduto. Alla fine commentò: «Ho subito avuto la netta impressione che, più che di un incidente, si trattasse di qualcos'altro. Ma non dobbiamo parlarne mai più».

Berlinguer non voleva che la notizia venisse divulgata innanzitutto perché non era in grado di provare i suoi sospetti. E poi perché, se fosse diventata di dominio pubblico, il Pci avrebbe dovuto trarne fino in fondo le conseguenze. «Sì» spiega oggi Macaluso, «avremmo dovuto troncare immediatamente ogni rapporto con l'Unione Sovietica e con la Bulgaria. E questo, Berlinguer non lo voleva. Perché temeva che pezzi importanti del partito non lo avrebbero seguito. E poi perché, nonostante tutto, era convinto che il blocco sovietico servisse a bilanciare il peso della potenza americana. Non so... A pensarci oggi, forse fu un errore non aver parlato dell'incidente di Sofia e dei suoi sospetti. Chissà, magari poteva essere quello il momento dello "strappo".»

2

Ma quale attentato, all'Est guidano da cani!

L'Ansa cominciò a battere le anticipazioni dell'intervista di Macaluso a «Panorama» nel primo pomeriggio di venerdì 25 ottobre 1991. Quattro lunghi lanci intitolati: «Nel 1973 tentarono di assassinare Berlinguer». Poco dopo, la notizia venne ripresa in tutte le edizioni dei giornali radio e dei telegiornali. La mattina seguente era anche sulle prime pagine dei quotidiani. Ma il senatore non ebbe il tempo di godersi il clamore che aveva suscitato con le sue dichiarazioni, perché quello che probabilmente temeva accadde quasi subito: nessuno gli credette e le sue rivelazioni vennero sommerse da una valanga di smentite.

Il primo a sbugiardarlo fu l'ambasciatore sovietico a Roma, Adamishin. «Il Kgb» dettò all'Ansa, «non ha mai attentato alla vita di Enrico Berlinguer. È assolutamente insensato pensare che ciò possa essere successo; i nostri servizi non hanno colpito persone che creavano all'Urss molti più problemi di quanti non ne creasse Berlinguer. E poi, questo tipo di attività speciale è stata tassativamente vietata dopo la morte di Stalin e le denunce di Krusciov.»

Nella sede diplomatica italiana evidentemente non era

ancora arrivato il vento di Boris Eltsin, che da un paio di mesi spirava a Mosca, dove persino l'onnipotente Kgb stava per essere smantellato. L'ambasciatore si lasciò comunque sfuggire un dettaglio interessante: ammise che nel passato certe «attività speciali» erano in auge, almeno fino all'era Krusciov, quando vennero «tassativamente vietate».

Dove non osò Adamishin, si inoltrò Tonino Tatò. L'ex portavoce di Berlinguer, che con Rodano aveva chiesto a Cossutta di battere cassa a Mosca per il filosovietico «Paese Sera», attribuì tutto alla insensata spericolatezza degli autisti dell'Est. Ecco la sua dichiarazione all'Ansa: «Berlinguer mi parlò dell'incidente usando parole di fuoco contro l'incivile abitudine di quei Paesi, dove, per dimostrare il proprio potere, facevano andare i cortei di automobili con a bordo autorità straniere a folle andatura per la città, ignorando ogni norma di sicurezza. Del resto, è quello che accadeva anche in Italia, quando qualche sindaco comunista, per farsi bello, organizzava cose simili».

Tesi identica a quella espressa dal biografo di Berlinguer, Giuseppe Fiori, senatore della Sinistra Indipendente. Direttore di «Paese Sera» quando a ispirarne la linea politica era Rodano, il giornalista ricostruì l'incidente aggiungendo nuovi particolari: «Quel giorno, il conducente dell'auto su cui viaggiava Berlinguer spinse troppo sull'acceleratore. La velocità era eccessiva: un sorpasso azzardato, una sbandata contro un camion e Berlinguer che esce stordito e dolorante per lo scontro. I bulgari, spaventati, gli danno per il ritorno a Roma un aereo-ambulanza. Quindi: nessun camion-killer contro la macchina di Berlinguer. Semmai il contrario».

Dunque, fu la conclusione di Fiori – che incorre in quattro pesanti «inesattezze» perché dalle nostre concordanti testimonianze risulta che non vi fu velocità eccessiva né alcun sorpasso, sbandata o aereo-ambulanza bulgaro –, quelle di Macaluso erano solo «fantasticherie», frutto di un «sensazionalismo» che costituiva una «novità nella vita di una persona seria e colta come lui».

La tesi Tatò-Fiori trovò riscontri nelle dichiarazioni di un dirigente dell'apparato comunista ungherese, János Berecz, il quale all'epoca dell'incidente era capo del dipartimento internazionale del Posu, il Partito Operaio Socialista Ungherese. Rintracciato dal giornalista dell'«Espresso» Wlodek Goldkorn, specialista dei Paesi dell'Est, Berecz disse di aver conosciuto Berlinguer durante una visita ufficiale a Budapest e di averlo seguito come un'ombra: «Ho trascorso quattro giorni stando in automobile insieme a lui. Mi colpì subito il fatto che non voleva che né la nostra, né le automobili della scorta usassero le sirene. Mi spiegò che il loro suono gli ricordava l'incidente avuto qualche anno prima a Sofia. Non ha mai accennato alla possibilità che nella capitale bulgara lo volessero uccidere».

L'ungherese completò la sua testimonianza con un altro ricordo personale: «Nel maggio 1976, a Budapest, un camionista stava per uccidere François Mitterrand, allora segretario del Partito socialista francese, e me che lo accompagnavo. Andavamo a forte velocità sulle colline di Buda quando un pesantissimo camion ci venne incontro a velocità folle, sbandando in curva. Per un miracolo, scansando la macchina di scorta, si fermò a pochi centimetri dalla nostra Chaika, urtando un muretto sul bordo della strada. Mitterrand si spaventò, come me. Ma nessuno pensò a un attentato. La verità è che da questa parte dell'Europa i conducenti guidano molto male».

L'articolo dell'«Espresso» si intitolava: «A Est si guida da cani». E seguiva un altro articolo, firmato da Guido Quaranta, dal titolo altrettanto perentorio: «Ti saluto pista bulgara». Era un'intervista ad Antonio Rubbi, uno storico dirigente della sezione esteri di Botteghe Oscure e un altrettanto storico cultore delle relazioni con il mondo sovietico, uno dei pochi dirigenti del Pci a parlare perfettamente la lingua russa. Da ogni sua parola traspariva l'indignazione per le affermazioni di Macaluso: «Non c'è un solo argomento, tra quelli portati, che regga a una verifica seria. Né sul piano storico né su quello politico. Anzi, ci sono distorsioni tali che è persino stupefacente che siano state pubblicate senza un minimo di verifica».

L'intervista a Rubbi era annunciata, nel sommario dell'articolo, come una confutazione «carte alla mano» dei fatti del 1973 a Sofia. Ebbene, il pezzo più forte esibito dal dirigente comunista era il «comunicato congiunto» che aveva suggellato l'incontro tra il leader comunista italiano e i dirigenti bulgari e che, a detta di Rubbi, ben rendeva il clima amichevole di quella visita. «Se lo avessimo riletto» sentenziò, «saremmo stati certamente più sobri nello scrivere simili cose.»

Ma al povero Macaluso non toccò di essere smentito, com'era prevedibile, soltanto dalla lobby filosovietica, in cui era stato risucchiato, suo malgrado, persino l'autore di una bella biografia di Berlinguer, Fiori. Il colpo più duro il senatore lo ricevette da due dei suoi amici più cari, Alessandro Natta e Carlo Galluzzi. Entrambi dirigenti della vecchia guardia comunista, erano molto legati anche a Berlinguer. Galluzzi era stato responsabile della politica estera del Pci. Mentre Natta, dopo la morte del segretario, nel 1984, ne aveva preso il posto alla guida del partito.

«L'incidente, sì, me lo ricordo. Non si volle darne pubblicità, ma non se ne parlò nella direzione del partito come di un attentato» dichiarò Galluzzi alla stessa Ansa.

«Non ricordo che alle Botteghe Oscure avessimo discusso di quell'incidente. O fatto dei commenti» confermò Natta.

Qualche giorno dopo, Cesare Martinetti della «Stampa» andò a trovare quest'ultimo nella sua casa di Oneglia, in Liguria, il rifugio dove nel 1988 aveva ritrovato la pace, dopo l'infarto e dopo il «parricidio politico» (come egli stesso lo definì) consumato nei suoi confronti da Occhetto e D'Alema, quando era ancora ricoverato in ospedale. Martinetti gli chiese a bruciapelo che ricordo avesse dell'attentato a Berlinguer. «Nessuno» rispose Natta. «Nella mia memoria non c'è. Certo che ci ho pensato in questi giorni, mi sono sentito con vecchi compagni. Qui vicino abita anche Oliva, che ora è segretario del gruppo europeo e allora stava con Berlinguer [a Sofia]. Ricordo che l'incidente fu brutto, che Enrico perse anche una scarpa. Ma che fosse un attentato non l'avevo mai sentito dire.»

«Quindi lei non crede proprio all'attentato?» incalzò il cronista della «Stampa». «Non credo che sia sufficiente una ricostruzione politica delle ragioni che potrebbero giustificare un attentato per insinuarne il sospetto. È certo che a Mosca non volevano bene a Berlinguer, ma l'ipotesi di un attentato mi sembra inverosimile, sproporzionata. Io mi sono sempre rifiutato di usare questa logica di dietrologia.

Ricordo il 1950, quando anche Togliatti, in Italia, ebbe un grave incidente stradale. Noi dirigenti del Pci non ci pensammo e invece proprio da quella parte [i sovietici] ci fu detto: hanno cercato di farlo fuori, siete degli ingenui a non averlo pensato. Be', io continuo a essere un ingenuo.»

No, l'ingenuo era Macaluso. Persino un po' maldestro, a giudicare dal coro degli scettici. Aveva tentato di rintuzzare una campagna contro Berlinguer, il Pci e i loro eredi rivelando una notizia clamorosa. Talmente clamorosa da imporre una riscrittura della storia del comunismo italiano. Ma che non trovava il minimo riscontro nelle testimonianze di chi aveva lavorato per anni al fianco del leader comunista, ne aveva condiviso l'avventura politica e dunque – doveva essere per forza così – anche i segreti. Tatò, Fiori, Rubbi, Galluzzi, Natta. E adesso, ecco anche Paolo Bufalini, il dirigente di Botteghe Oscure dalle mille relazioni negli ambienti del potere romano, l'uomo che forse più di ogni altro aveva influenzato la politica del compromesso storico di Berlinguer, di cui era stato il canale di comunicazione con il mondo andreottiano e con il Vaticano. La sua dichiarazione arrivò come l'ultimo e definitivo colpo di maglio sul castello di Macaluso. Bufalini, infatti, rivelò a sua volta una notizia destinata a spazzare via una volta per tutte quelle «fantasticherie» sul complotto bulgaro-sovietico contro Berlinguer: «Ma come? Sull'auto con Berlinguer viaggiava anche il numero due del Partito comunista bulgaro, Boris Velchev... Volevano ammazzare anche lui?».

E, come se non bastasse, dopo le dichiarazioni di Bufalini giunse anche il sigillo del fratello del segretario comunista, Giovanni Berlinguer: «Io ed Enrico parlammo più volte dell'incidente, ma lui non accennò mai all'ipotesi di un attentato. Mio fratello era solito tacere, quando non aveva nulla da dire».

Anche le sue parole sembrarono relegare quell'incredibile storia bulgara nella sfera della fantapolitica.

Macaluso tentò di difendersi. Ai giornali, che continuavano a chiamarlo, confermò i suoi sospetti. Ma era tale il fuoco di sbarramento contro di lui, che dovette in qualche modo attenuare: «Ho solo espresso un'opinione». Era avvilito, nella sua solitudine. Potevano passare l'ambasciatore sovietico, Tatò e Rubbi. Ma di fronte alle smentite di tre suoi amici e compagni di una vita come Galluzzi, Natta e Bufalini, e a quella dello stesso fratello di Berlinguer, si era reso conto che il segretario del Pci non aveva confidato a nessun altro i suoi sospetti sull'episodio di Sofia. Ed era imbarazzato per essersi esposto in quel modo, lasciandosi sfuggire il suo segreto con «Panorama». Anche al giornale c'era qualche perplessità. Si erano convinti che fossimo incappati in un piccolo incidente professionale, da archiviare al più presto.

Ma quello che allora nessuno poteva immaginare era che, dopo l'ondata di smentite, in quelle stesse ore, a casa Berlinguer si stesse svolgendo una sorta di piccolo consiglio di famiglia. Letizia, vedova del segretario del Pci, era sconcertata. E anche i figli, Bianca, Maria, Laura e Marco, lo erano. Loro sapevano che Macaluso aveva detto la verità. Perché Enrico, al ritorno dalla Bulgaria, si era confidato con la moglie, parlando di quell'incidente come di un fatto perlomeno inquietante. Da qui la convinzione che quelle smentite così corali e precipitose fossero ingiuste nei confronti di Macaluso e della verità storica.

«Mamma era molto arrabbiata per il tono delle smentite» racconta Bianca Berlinguer, direttore del Tg3. «Tutti dicevano: non lo sapevo, dunque non è vero. E invece sarebbe stato più corretto dire: non ne sapevo niente, accertiamo se è vero. Oppure tacere.» Se ne discusse a lungo, in famiglia. Alla fine, tutti d'accordo, decisero che occorreva fare qualcosa. Letizia Berlinguer chiamò Macaluso e gli confermò i sospetti del marito su quell'incidente. Bianca, nel frattempo, aveva telefonato al direttore dell'«Unità», che allora era Walter Veltroni, per dirgli che la madre aveva intenzione di fare una cosa che mai aveva fatto prima e mai più avrebbe fatto dopo: lasciarsi intervistare. La prima e unica intervista a Letizia Laurenti Berlinguer fu firmata da Stefano Di Michele e venne pubblicata sulla prima pagina dell'«Unità» il 28 ottobre 1991. È un documento.

«Enrico sospettava che quello in Bulgaria non fosse un incidente» confermò. E aggiunse: «Ora mi rendo conto, da quanto hanno detto finora tutti coloro che in questi giorni hanno parlato, che lui non aveva confidato questo sospetto a nessuno. Ma a me raccontò di questa sua ipotesi appena tornò a casa da Sofia. [...] Da quanto mi risulta, non mise più piede in Bulgaria. [...] È chiaro che la cosa non poteva essere provata e lui non ne parlò assolutamente in giro. Del resto, Enrico non era uomo tale da mettersi a dire cose non suffragate dai fatti».

Letizia Berlinguer arricchì di nuovi particolari il racconto di Macaluso: «Enrico aveva sbattuto la testa e quindi doveva sottoporsi a degli accertamenti per vedere che non ci fossero complicazioni. Di solito, in casi del genere, si rimane sotto controllo per quarantotto ore. Enrico, quando fu trasportato all'ospedale di Sofia dopo l'incidente, accettò questo fatto, ma disse ai bulgari che si sarebbe dovuto fare un comunicato per informare della vicenda e per giustificare il ritardo del suo rientro in Italia. Ma dopo ventiquattrore gli diedero l'aereo che lo riportò a Roma e così il comunicato non si fece».

Incidente o attentato? L'intervento di Letizia Berlinguer restituì credibilità al senatore Macaluso e fondamento all'ipotesi del complotto bulgaro-sovietico. E anche la testimonianza resa poi a «Panorama» da Gastone Gensini, uno degli accompagnatori di Berlinguer a Sofia, fece capire quanto fossero state frettolose tutte quelle smentite.

Lo incontrammo nella sede del partito, dove stava mettendo in ordine l'archivio del vecchio Pci, da pochi mesi Pds. L'atmosfera di decadenza e di smobilitazione che si respirava in quelle stanze polverose, al piano rialzato delle Botteghe Oscure, rendeva perfettamente la fine di un'epoca. In un angolo erano stati raccolti alla rinfusa antichi cimeli del Pci, pronti per essere mandati al macero: vecchie bandiere rosse con falce e martello, ritratti di Marx e Lenin, manifesti elettorali, inutili testimonianze di un passato da cancellare. I documenti della memoria viva del Pci, invece, Gensini li stava catalogando e ordinando dentro scatoloni, che sarebbero stati inviati all'Istituto Gramsci per la loro archiviazione. Nel 1973 era vicepresidente della Commissione centrale di controllo, una sorta di tribunale interno, e dirigeva le scuole quadri del partito. Con lui, nella delegazione che accompagnò Berlinguer in Bulgaria, c'era anche Angelo Oliva, della sezione esteri.

«Con noi Berlinguer non lasciò trasparire nulla dei suoi sospetti. Mantenne un grande riserbo. E non mi sorprende che poi non abbia detto niente neppure ai compagni del partito. Io e Oliva, però, tra noi ne parlammo subito. Ricordo che entrambi fummo colti dallo stesso sospetto, che si fosse trattato di un incidente provocato ad arte» ci disse Gensini.

Poi ci parlò di quel pomeriggio del 3 ottobre di diciotto anni prima, fornendoci una ricostruzione assai diversa dalla versione di Tonino Tatò e di Giuseppe Fiori. Ma una testimonianza molto più dettagliata Gensini la diede qualche giorno dopo ai sostituti procuratori romani Franco Ionta e Luigi De Ficchy, che indagavano sui finanziamenti sovietici al Pci e sulla Gladio rossa, la struttura paramilitare collegata con il Kgb. Di recente abbiamo rintracciato il testo del suo racconto, insieme ad altri documenti inediti, fra le carte di quell'inchiesta. Eccolo.

Durante l'incontro ufficiale con Zhivkov, segretario del Pcb e presidente della Repubblica, che si svolse a Varna, sul Mar Nero, ci fu – racconta Gensini – uno scontro piuttosto duro sulla Cecoslovacchia: Berlinguer confermò la sua condanna dell'invasione sovietica, mentre il leader bulgaro la difese in «maniera arrogante». Il giorno seguente, la delegazione italiana visitò un complesso agroindustriale e, la sera, partecipò a una cena con alcuni membri dell'ufficio politico del partito, a Sofia.

Il 3 ottobre, conclusa la visita, il segretario del Pci e i suoi due accompagnatori, Gensini e Oliva, lasciarono il centro di Sofia e si diressero verso l'aeroporto, per rientrare a Roma. Nell'auto che apriva il corteo ufficiale c'erano agenti di polizia. Sulla seconda macchina viaggiava Berlinguer, seduto sul sedile posteriore della parte destra. Con lui, oltre all'autista, c'erano l'interprete, seduto su uno strapuntino al centro della vettura, e due dei più alti dirigenti bulgari, Boris Velchev e il responsabile della sezione esteri Konstantin Tellalov. Il primo era seduto sul sedile posteriore, accanto al leader italiano; il secondo sul sedile anteriore destro. Gensini e Oliva, con un'interprete, viaggiavano su una terza auto, che seguiva quella di Berlinguer. Il corteo, infine, era chiuso da altre macchine con a bordo funzionari bulgari.

L'andatura non era troppo elevata. Appena fuori città uno degli agenti che si trovava sulla prima macchina a un certo punto ordinò lo stop alla fila di veicoli provenienti dalla direzione opposta. Le macchine si fermarono, ma un grosso camion carico di pietre uscì dalla fila e sterzò verso sinistra, proprio in corrispondenza della vettura di Berlinguer, colpendola violentemente. L'auto andò a sbattere contro un palo della luce, che le impedì di finire in una scarpata. L'incidente avvenne all'inizio di un cavalcavia e i danni alla macchina furono «molto ingenti».

Il segretario era sotto choc, aveva perso una scarpa, mostrava alcune escoriazioni alla testa. L'autista era leggermente ferito, mentre i due dirigenti avevano riportato «serie lesioni».

Gensini e Oliva si diedero subito da fare per soccorrere i feriti, mentre i poliziotti bulgari se ne stavano fermi, come imbambolati. Adagiarono l'interprete su un prato, ma ormai non dava più segni di vita. Fecero sdraiare sul sedile della loro auto il più grave dei due dirigenti, Velchev. Berlinguer era «un po' intontito»; fermarono un taxi che stava arrivando dalla direzione opposta e con quello lo accompagnarono in ospedale. Il segretario fu sottoposto a dei controlli, si riprese completamente dopo qualche ora.

Oltre alla dinamica dell'incidente, il particolare che colpì Gensini e Oliva fu che nessuno dei dirigenti di rango del Pcb andò a visitare il leader italiano in ospedale, ma solo alcuni funzionari di secondo piano e il ministro della Sanità. «I dirigenti del partito italiano furono comunque informati subito e fu evidentemente una loro scelta non divulgare la notizia» disse Gensini ai due magistrati. E aggiunse: «Io e Oliva pensammo anche a un attentato, perché le modalità dell'incidente erano strane. E poi perché Berlinguer era un personaggio scomodo per l'ortodossia sovietica e bulgara. La sua politica si fondava su alcuni principi sgraditi all'Est: l'autonomia di ciascun partito comunista, il pluralismo politico e il socialismo nella libertà».

Ionta e De Ficchy ascoltarono, fra i tanti testimoni, anche Letizia Berlinguer, Macaluso e Tatò, che si limitarono a confermare le dichiarazioni che avevano già reso alla stampa. Ma i due magistrati non andarono oltre. L'incidente di Sofia era soltanto un filone secondario della loro indagine sui finanziamenti al Pci e sulla Gladio rossa. L'inchiesta fu archiviata e i materiali raccolti si inabissarono.

Incidente o attentato? Dopo l'intervento della moglie di Berlinguer, entrambe le ipotesi restavano in piedi. Certo, quella di un complotto bulgaro-sovietico andava a cozzare contro la logica. Sull'auto del segretario del Pci, come aveva rivelato Paolo Bufalini e poi confermato Gensini, viaggiavano infatti anche due degli uomini più potenti del regime di Sofia: Velchev, braccio destro del leader Todor Zhivkov, e Tellalov. Possibile che, per uccidere il leader italiano, Zhivkov avesse deciso di sacrificare anche la loro vita? Sull'altro piatto della bilancia, tuttavia, pesavano i sospetti di Berlinguer. E il fatto che il segretario del Pci, il 3 ottobre 1973, avesse avuto immediatamente la percezione delle anomalie che costellavano la dinamica di quell'incidente da solo imponeva che si cominciasse finalmente a indagare a fondo, sia pure a tanti anni di distanza.

3

Quello strano presentimento

«L'ambasciatore bulgaro rinnova l'invito al compagno Berlinguer per una visita ufficiale...»

È una «nota per la segreteria» datata 12 febbraio 1973, trovata di recente insieme ad altri documenti inediti dell'epoca tra le carte del Pci custodite negli archivi dell'Istituto Gramsci. È firmata da Sergio Segre, allora responsabile esteri del partito.

I bulgari da mesi premevano per avere a Sofia il leader italiano, ma lui tergiversava. «La visita è già promessa, gradirebbero avere una risposta orientativa sulla eventuale data. I compagni bulgari hanno più volte insistito sull'importanza che il loro comitato centrale e personalmente il compagno Zhivkov attribuiscono a questa visita» insisteva Segre. Ma neppure quella volta Berlinguer rispose. Era come se qualcosa lo trattenesse.

Strano. Perché nonostante i comunisti italiani avessero condannato con estrema durezza l'invasione della Cecoslovacchia da parte delle truppe del Patto di Varsavia, i rapporti con i regimi dell'Est non si erano interrotti. Tra Roma e Sofia, in particolare, le comunicazioni erano frequenti. Almeno, così appare dalle carte dell'Istituto Gramsci. I contatti passavano attraverso un canale «diplomatico», l'ufficio esteri diretto da Segre. E poi si sviluppavano in modo informale e amichevole attraverso l'ufficio di Armando Cossutta, che in quel momento era coordinatore della segreteria e responsabile dell'organizzazione, il ruolo più importante nella nomenklatura del partito, dopo quello del leader.

Nel 1973 Cossutta era il terminale di una vera e propria diplomazia parallela. Ma è difficile dire fino a che punto la sua attività fosse nota a Berlinguer, e in che misura fosse da questi autorizzata. Intratteneva intensi rapporti epistolari con Sofia. Scriveva lettere di raccomandazione per militanti e dirigenti desiderosi di trascorrere le vacanze sul Mar Nero o bisognosi di cure mediche. Organizzava «viaggi-scambio», caldeggiando una degna accoglienza anche per una serie di oscuri dirigenti di sezione di ogni angolo d'Italia, che presentava come «compagni che svolgono un'importante funzione».

Quale fosse la natura dell'«importante funzione» di Umberto Pinna, segretario della sezione sarda di Serrenti, o di Antonio Castronuovo, segretario della sezione di Carbone, in provincia di Potenza (per citare solo due dei personaggi che compaiono nelle lettere), Cossutta non lo specificava. Si trattava di militanti della cosiddetta Gladio rossa, inviati nei Paesi dell'Est per dei corsi di addestramento? Su questo particolare aspetto della storia del Pci c'è molto materiale fra gli atti dell'inchiesta della Procura romana. Ma ci torneremo in seguito.

Con i bulgari, Cossutta spendeva una buona parola anche per aziende amiche: «Cari compagni», scrive il 29 gennaio 1973 in una lettera indirizzata al comitato centrale del Pcb, «vi confermiamo ufficialmente che la ditta export-import che ci rappresenta presso il vostro Paese è la Rest-Ital. Vi preghiamo perciò di tener presente che tutto quanto farete per aiutare il lavoro dei rappresentanti di tale nostra ditta sarà molto utile e gradito al nostro partito».

Il clima amichevole che caratterizzava il fluire delle relazioni tra Cossutta e Sofia strideva con la freddezza, al limite dell'incomunicabilità, che segnava invece i rapporti tra Berlinguer e il Pcb. Frustrato fino a quel momento ogni tentativo di strappare la conferma di una sua visita, l'offensiva diplomatica bulgara si spostò su un altro terreno. Nell'aprile di quel 1973, l'ambasciatore a Roma organizzò una cerimonia per consegnare ad alcuni dirigenti del Pci una medaglia di onorificenza intitolata a Georgi Dimitrov, eroe nazionale. Ma anche quel tentativo fallì. E Oliva, il vice di Segre, fu costretto a scrivere una nota a Cossutta: «In seguito alla scarsa partecipazione dei compagni della direzione (impegnati in Parlamento) alla serata [...] vi è stata una certa insoddisfazione da parte bulgara». Per rimediare alla gaffe, Oliva suggeriva di spostare la cerimonia delle medaglie alle Botteghe Oscure. La consegna delle onorificenze, propose chiaramente d'intesa con l'ambasciata, sarebbe potuta avvenire o in forma solenne, «nella prima riunione di direzione», o in modo più sbrigativo, facendo ricevere l'ambasciatore da «tre-quattro compagni della segreteria».

L'invito a recarsi a Sofia, fino a quel momento inevaso da Berlinguer, lo accettò invece Cossutta, e con entusiasmo. L'11 giugno 1973, infatti, scrisse ai compagni del comitato centrale del Pcb per confermare la sua imminente visita, «che mi permetterà tra l'altro [...] di stabilire con voi una più fraterna e più stretta collaborazione».

E mentre Cossutta si godeva la sua «fraterna» vacanza in Bulgaria, in quella stessa estate, a Roma, la pressione sul segretario del Pci si fece asfissiante. Come emerge dall'ennesima nota inviata da Segre a Berlinguer: «I compagni bulgari comunicano che sarebbero lieti se tu potessi andare a Sofia dopo il comitato centrale del 28 luglio. Cosa rispondiamo? Proponiamo di rimandare all'autunno?». Non potendo più tergiversare, il segretario accettò l'invito, ma rinviando la visita: restituì a Segre la nota, dopo aver sottolineato in rosso la parola «autunno» e aggiungendovi la propria sigla.

Era il 13 luglio 1973. Due mesi e mezzo più tardi, il 30 settembre, Berlinguer, Gensini e Oliva si imbarcarono su un aereo diretto a Sofia. Quello che accadde durante i quattro giorni della visita ufficiale rimase a lungo un segreto.

Diciotto anni dopo, novembre 1991. L'aereo della compagnia di bandiera nazionale, appena decollato da Zurigo e diretto a Sofia, ci offriva il primo assaggio della Bulgaria postcomunista. Era un vecchissimo e malmesso Boeing regalato dagli americani. Le tappezzerie erano luride e consunte. I pavimenti dei corridoi bruciacchiati e cosparsi di cicche di sigarette. Dalle tasche dei sedili debordava carta straccia. Nell'aria, un intenso odore di fumo e cavolo.

L'Hotel *Balkan*, nella centralissima piazza Lenin di Sofia, un tempo dorato ed esclusivo rifugio della nomenklatura comunista, era divenuto il simbolo della decomposizione del vecchio regime. Nelle sale liberty, che una volta facevano da sfondo ai ricevimenti ufficiali, si aggiravano avventurieri russi e occidentali in cerca di affari più o meno leciti, mescolati a poliziotti in borghese, spie, prostitute e questuanti.

«Sono un intellettuale affamato», si presentò così un anziano signore sui settanta, di bell'aspetto ma dall'aria dimessa. Ci raccontò la sua storia di scrittore dissidente, degli stenti patiti in seguito alle persecuzioni comuniste e di quelli per i morsi della fame, dopo il collasso del regime. Poi ci chiese se in Italia potessimo fare qualcosa per lui e per la sua famiglia.

In città l'energia elettrica era razionata. E i viveri scarseggiavano. I banchi dei magazzini Gum, quelli una volta riservati alle famiglie della nomenklatura, erano desolatamente vuoti. Nulla si trovava dei prodotti tipici che un tempo erano l'orgoglio alimentare della Bulgaria: la marmellata di rose, il prosciutto di cervo, lo yogurt. Nel banco della macelleria, solo qualche pezzo di carne e salsicce dal colore improbabile. In primo piano, su altri scaffali, alcune lattine arrugginite di succhi di frutta, l'aiuto fraterno dei compagni cubani a un'economia al collasso.

Tutti i simboli del vecchio regime erano ormai nella polvere. A cominciare dal più potente, Todor Zhivkov, che aveva guidato partito e Stato per trentasei lunghi anni. La sua parabola politica si era conclusa proprio all'indomani del crollo del Muro, il 10 novembre 1989, quando venne destituito da una congiura di palazzo ordita dai suoi stessi ex compagni. Nel giro di una settimana, era stato cacciato dal partito e dall'Assemblea nazionale. Poi era finito sotto processo per abuso di potere e corruzione.

Il Pcb, quando arrivammo a Sofia, aveva appena cambiato nome, si chiamava Partito socialista bulgaro. Pochi giorni prima era stato sconfitto nelle elezioni politiche dall'Unione delle Forze Democratiche, una coalizione di sedici partiti anticomunisti. E stava per avvenire il passaggio delle consegne.

Ci faceva da interprete e guida una giovane giornalista, Rositza Krupeva, caporedattore di una delle tante testate fiorite a Sofia nell'era postcomunista. Dopo il clamore per le rivelazioni di Macaluso ci aveva contattato, inviandoci i ritagli dei giornali bulgari che avevano ripreso la notizia del sospetto attentato a Berlinguer.

La prima scoperta fu che di quell'incidente era scomparsa ogni traccia dagli archivi ufficiali. Ci avevano detto che i dossier con le prime indagini erano custoditi al ministero dell'Interno, in un decadente palazzo nel centro di Sofia. Lì c'erano gli uffici della polizia e dei servizi di sicurezza interna, la famigerata Darzhavna Sigurnost. Il funzionario che ci ricevette era quasi la caricatura del tipico poliziotto bulgaro: piccolo di statura, pancetta, baffoni spioventi, capelli nerissimi. Tirò fuori la pistola dalla fondina e l'appoggiò in malo modo sulla scrivania. Poi esclamò, tra il serio e il faceto: «Con questa abbiamo fatto l'attentato al Papa!». Era offeso e risentito. Ce l'aveva con gli italiani, che a suo dire continuavano a dipingere la Bulgaria come un Paese soffocante, dedito quasi esclusivamente ai complotti e agli assassinii.

«Ci aiuti a capire che cosa accadde a Enrico Berlinguer il 3 ottobre 1973, qui a Sofia» gli chiedemmo. Il poliziotto ci accompagnò in uno scantinato: «Se c'è qualcosa, è qui», ci disse mostrandoci scatoloni pieni di documenti e registri accatastati in maniera disordinata o sparsi qua e là per terra. E se ne andò, lasciandoci nelle mani di uno sconfortato archivista. Già, da dove cominciare? Dopo quasi due ore di infruttuosa ricerca, l'archivista ebbe come un'illuminazione.

«Ma come avvenne l'attentato a Berlinguer?» ci chiese.

«Se fu un attentato, non lo sappiamo. Sicuramente Berlinguer ebbe uno strano incidente stradale...» rispondemmo.

L'archivista si allontanò. Tornò più tardi con un librone. Lo sfogliò. Poi allargò le braccia, desolato: «Venne classificato come semplice incidente stradale nel 1973. Ma tutti i documenti sono stati distrutti, come prevede la nostra legge, dopo un certo numero di anni, quando si tratta appunto di incidenti stradali». Fra i tanti scatoloni, ce n'erano molti aperti e vuoti. I documenti che contenevano erano stati sottratti da qualcuno e fatti sparire. Fu lo stesso archivista ad ammetterlo, con imbarazzo e anche con un certo rammarico.

In quei giorni, a Sofia, la storia degli archivi saccheggiati era sulla bocca di tutti. Il clamore era stato suscitato da alcune rivelazioni del ministro dell'Interno, Khristo Danov, il quale, dopo aver consultato le carte della Darzhavna Sigurnost, aveva dato la soluzione di un intricatissimo giallo internazionale: l'assassinio a Londra, nel 1978, dello scrittore e giornalista dissidente Georgi Markov. A ucciderlo, con la punta avvelenata di un ombrello, aveva rivelato il ministro, «fu la nostra polizia segreta, con l'aiuto del Kgb». L'attentato era avvenuto la mattina del 7 settembre, giorno del sessantasettesimo compleanno di Zhivkov: era un regalo per lo «zar di Sofia». «Lui stesso e i suoi complici saranno processati» aveva promesso Khristo Danov. Anche se «molte prove sono difficili da ricostruire, perché dagli archivi sono scomparsi diciassette fascicoli importanti solo su quella storia».

Uno dei complici di Zhivkov, si era appena scoperto nel 1991, era il generale Vladimir Todorov, capo della Darzhavna Sigurnost ancora nei mesi successivi alla caduta del Muro di Berlino. I suoi uomini, nella primavera dell'anno precedente, avevano avuto tutto il tempo per ripulire gli archivi, facendo sparire materiali compromettenti sulle operazioni più delicate dei servizi segreti comunisti, comprese eventuali tracce dell'incidente di cui era rimasto vittima Enrico Berlinguer. Nel periodo della nostra permanenza a Sofia Todorov era sotto inchiesta. Sarebbe stato processato e condannato l'anno seguente (1992) a sedici mesi di carcere per la distruzione di molti fascicoli custoditi nei sotterranei della Darzhavna Sigurnost. Sul caso Markov la magistratura bulgara avrebbe poi riaperto un'inchiesta. Ma due dei principali protagonisti del complotto sarebbero morti in circostanze misteriose. Uno suicida. L'altro in un incidente stradale.

Uno dei testimoni dell'incidente di Berlinguer a Sofia era Dimitri Viktorov Georgiev. Nell'ottobre 1973 lavorava come fotografo dell'agenzia di stampa ufficiale bulgara, Bta, e aveva l'incarico di immortalare i vari momenti della visita del leader italiano. Lo incontrammo negli uffici dell'agenzia.

«In questi mesi, hanno sottratto fascicoli da tutti gli archivi perché incastravano qualche grosso personaggio del passato» ci disse. «Ma le fotografie che scattai sul luogo dell'incidente non davano fastidio a nessuno. Da qualche parte devono pur essere.»

C'erano dunque delle fotografie dell'incidente? E dove potevano trovarsi?

Quelle fotografie avevano una storia. E Georgiev ce la raccontò. Eccola.

Il pomeriggio del 3 ottobre 1973, il giorno conclusivo della visita di Berlinguer, il fotoreporter era già all'aeroporto, in attesa davanti alla saletta dei vip. Doveva scattare le immagini dell'ultimo saluto ufficiale prima che la delegazione italiana si imbarcasse sull'aereo per Roma. Non vedendo arrivare nessuno e avendo sentito il suono di sirene in lontananza, era risalito in auto per tornare verso il centro della città, lungo il boulevard Ho Chi Minh. Dopo circa un chilometro, su un cavalcavia, vide la scena di un incidente. Una Chaika nera (la berlina di fabbricazione sovietica) si era schiantata al lato della strada. Intorno, una folla di curiosi. Era l'auto su cui viaggiava il segretario del Pci. Un camion l'aveva investita, c'erano stati dei feriti, già portati in ospedale. Georgiev scattò diverse fotografie, poi tornò in redazione. E lì si verificò un fatto strano. Mentre lui in laboratorio stava sviluppando le prime fotografie, arrivarono agenti dell'Ubo (il servizio segreto) e sequestrarono tutti i rullini. Anche nella Bulgaria di Zhivkov era insolito che, per un semplice incidente stradale, venissero sequestrate delle foto. E ancora più insolito era che a occuparsi di un incidente fossero i servizi segreti.

«Se non sono state distrutte anche quelle, le fotografie dell'incidente devono essere negli archivi dell'Ubo. Andrò a vedere» ci promise Georgiev.

Dopo un paio di giorni, Dimitri venne a trovarci all'Hotel *Balkan*. Era raggiante: «Eccovi le foto». E ci consegnò una busta. Immagini agghiaccianti: la fiancata sinistra dell'auto era completamente distrutta, quella destra molto danneggiata, il tetto accartocciato, i vetri infranti. A guardarle, ci si chiede come Berlinguer fosse uscito vivo da un incidente come quello. Le foto erano rimaste chiuse in un cassetto dei servizi segreti per diciotto lunghissimi anni.

Sugli archivi del vecchio regime, in quei giorni, era in corso un vero e proprio braccio di ferro tra gli ex comunisti e i vincitori delle elezioni. Il Parlamento aveva approvato una mozione che imponeva la consegna all'archivio di Stato di tutti i documenti. Non solo i dossier dei servizi segreti e del ministero dell'Interno, ma anche quelli del comitato centrale del Pcb. I dirigenti del partito, però, tergiversavano. Pensammo che forse nei loro archivi avremmo potuto trovare qualcosa sulla visita di Berlinguer. Almeno qualche traccia che ci consentisse di ricostruire il clima politico che aveva fatto da sfondo all'incidente.

All'ingresso della Partiem Dom, la casa dell'ex Partito comunista, un palazzone inizio Novecento nel cuore di Sofia, fino a qualche mese prima campeggiava un'enorme stella rossa. Ora, l'insegna era cambiata. C'era solo una

scritta: CLUB. Ma a parte Zhivkov, caduto in disgrazia con la sua corte, i dirigenti erano in gran parte gli stessi. I vetri delle finestre al piano terra erano rotti, sostituiti con pezzi di cartone. Erano stati infranti nel corso di una delle tante manifestazioni di protesta che da mesi percorrevano le strade di Sofia. I muri erano anneriti dal fumo di un incendio appiccato durante un assalto di diecimila persone, avvenuto poche settimane prima. Al piano terra, ci spiegarono, c'era il santuario di tutti i segreti della Bulgaria: l'archivio del Pcb, il partito-Stato. Durante la protesta popolare, molte carte compromettenti erano state trafugate o date alle fiamme. E qualcuno giurò di aver visto, camuffati tra la folla inferocita, alcuni ex funzionari comunisti e dei servizi segreti, infiltrati per compiere quell'operazione di «pulizia» senza destare troppi sospetti. Il caso era arrivato addirittura in Parlamento, dove l'opposizione, che aveva vinto le elezioni ed era prossima a sostituire al governo gli eredi del Pcb, aveva denunciato i «provocatori comunisti» e l'ambiguo comportamento della polizia, che aveva lasciato fare.

Le tracce dell'incendio erano ancora ben visibili anche all'interno del palazzo, nonostante la penombra. Non c'era corrente elettrica. Ma la luce di una candela con cui una funzionaria ci guidava nei corridoi era sufficiente a illuminare i segni dell'avvenuto assalto. Salite le scale, la ragazza ci mostrò la stanza da dove era stata governata con il pugno di ferro la Bulgaria comunista e dove erano state ordite tutte le trame politiche: quella di Zhivkov. Due-tre porte più in là c'era l'ufficio di Filip Bokov, il giovane numero due del vecchio Pcb, ora Partito socialista. Aveva accettato di riceverci per parlare del caso Berlinguer: «Siamo cambiati, e non abbiamo nulla da nascondere».

«La mia personale opinione è che l'ipotesi del complotto sia poco probabile» ci disse. «Ma è possibile, questo

non mi sento di escluderlo, che il Kgb abbia organizzato un attentato. Sarebbe stato il primo atto di sabotaggio contro l'eurocomunismo. A quei tempi certe cose accadevano, i nostri servizi segreti facevano impunemente di tutto e la loro totale dipendenza da Mosca è ormai arcinota.»

«Signor Bokov, può far controllare se negli archivi del Pcb ci sono tracce di quella visita di Berlinguer a Sofia?» gli chiedemmo.

Il dirigente ci pensò su qualche minuto. Poi rispose: «Se le fiamme non hanno combinato troppi danni, forse qualcosa si può rintracciare. Datemi un po' di tempo e vi farò sapere».

Fu di parola, Filip Bokov. Poche ore più tardi ci fece avere una voluminosa busta bianca. Dentro, c'era il verbale stenografico di uno dei due incontri tra Zhivkov e Berlinguer: quello del 1° ottobre 1973, nella residenza estiva del presidente bulgaro a Evksinograd, a pochi chilometri da Varna, sul Mar Nero. Bastò una rapida lettura per rendersi conto del clima incandescente che aveva caratterizzato i colloqui ufficiali tra i due leader comunisti.

4

«Ho un piano per migliorare i rapporti tra il Pci e noi»

«Compagno Berlinguer, finalmente lei è venuto in Bulgaria. Non è una critica, ma dico "finalmente" nel senso che finalmente ha trovato l'occasione di venire. Noi la stiamo invitando da tanto tempo. So anche che non potrà stare qui a lungo.» Pungente, al limite del sarcasmo, Todor Zhivkov.

Berlinguer non gli fu da meno: «La critica del "finalmente" è giusta e purtroppo non posso restare per molto. Spero che non passi troppo tempo prima di vederci di nuovo qui, in Bulgaria. Se ci inviterete ancora».

Era il 1° ottobre 1973, le 9.30 del mattino. Cominciò così, con un botta e risposta al fiele, la visita ufficiale di Berlinguer in Bulgaria.

La scena aveva come sfondo gli stucchi dorati di un salone del sontuoso palazzo di Evksinograd. Un tempo apparteneva ai reali di Bulgaria, Boris III di Sassonia, la moglie Giovanna di Savoia (sorella di Umberto, l'ultimo re d'Italia) e il piccolo Simeone II. Nel 1946, quando i comunisti presero il potere, il palazzo venne requisito, e Simeone, che nel frattempo era diventato re all'età di sei anni, dovette fuggire all'estero. Soltanto mezzo secolo dopo, crollato il regime, avrebbe potuto far rientro in patria e riavere il suo palazzo. In quell'ottobre 1973, Evksinograd era ancora proprietà dello Stato, che l'aveva assegnata allo «zar di Sofia».

Oltre ai due leader, all'incontro erano presenti Gastone Gensini e Angelo Oliva, per il Pci; Boris Velchev e Milko Balev, segretario di Zhivkov, per i bulgari. Il colloquio durò quasi cinque ore, dalle 9.30 del mattino alle 14.10 del pomeriggio. E, come emerge dalle sessantotto pagine del resoconto stenografico, fu tutt'altro che amichevole. Dall'invasione della Cecoslovacchia al ruolo guida di Mosca nel movimento comunista internazionale, passando per la concezione stessa della democrazia, il dissenso tra Berlinguer e il bulgaro viene fuori in tutta la sua profondità. Con punte di drammatica tensione tra i due. E persino con minacce, velate ed esplicite, di Zhivkov nei confronti del segretario del Pci.

Dopo le scaramucce iniziali, Zhivkov si fece più gentile: «Potreste ritornare qui per una vacanza, si sta molto bene da noi».

Berlinguer: «Ne sono sicuro, l'ho saputo da Longo, che due anni fa è venuto da voi».

«Come sta Longo?» chiese il bulgaro.

«Così così» rispose l'italiano (l'anno precedente, nel congresso di Milano, dopo la malattia, il segretario del Pci Luigi Longo aveva lasciato la sua carica e Berlinguer lo aveva sostituito).

Da quel momento in poi, il colloquio entrò nel vivo dei temi politici.

Berlinguer parlò a lungo della situazione italiana. Spiegò che al potere c'era un governo di centrodestra «perché il centrosinistra ha commesso troppi errori». E, per chiarire come ritenesse non percorribile e pericolosa la linea della contrapposizione netta e assoluta tra sinistra e destra, citò l'esempio del Cile, dove due settimane prima il generale Augusto Pinochet aveva rovesciato nel sangue il governo socialista di Salvador Allende.

«Comunque», aggiunse, «noi siamo riusciti a non far riconoscere dall'Italia la giunta di Pinochet.» A quel punto, espose il suo progetto politico. Anche se non citò mai l'espressione «compromesso storico», che pure proprio in quei giorni stava coniando. Disse: «Noi pensiamo che in Italia una delle strade per evitare la spaccatura del Paese, come è accaduto in Cile, sia quella di unire il proletariato con il ceto medio, di creare legami con altre forze politiche democratiche».

Zhivkov reagì con fastidio. Di colpo si trasformò in un interlocutore ostile, vagamente minaccioso.

«Che cosa significa questa nostra via democratica per il socialismo?» chiese con arroganza il presidente bulgaro. L'aggettivo «nostra» serviva a ribadire che la linea dei partiti comunisti doveva essere unica, solidale, di tutti. «Noi non puntiamo su un cammino pacifico» proseguì Zhivkov. «Anzi, affrontiamo la contrapposizione prendendo in considerazione le due strade, armata e pacifica. Certo, oggi noi pensiamo che una via puramente pacifica possa esistere. In Bulgaria noi abbiamo evitato la guerra civile, ma la nostra non è stata una strada pacifica. Per quanto riguarda l'Italia, sappiamo che esiste un blocco politico controllato dagli Stati Uniti: è antipatico e stiamo cercando di cambiare questa situazione. Il nostro spionaggio lavora per contrastare questo blocco.»

In quel momento, nei settori più ortodossi dei partiti comunisti dell'Est, la paura che la linea berlingueriana portasse il Pci fuori dal campo socialista e in braccio al nemico americano si era trasformata in una vera e propria ossessione. Al punto da indurre quei regimi a mobilitare i propri servizi segreti per contrastare «in Italia» il «blocco politico» influenzato dagli Stati Uniti. Le parole di Zhivkov contenevano una minaccia anche a Berlinguer? Senza ombra di dubbio, alla luce delle scoperte avvenute negli anni successivi, e anche di recente, sull'attività dei servizi dell'Est contro il gruppo dirigente del Pci. Come vedremo nei capitoli successivi.

Il colloquio toccò poi un altro punto sensibile, la Cina, la cui politica autonoma da Mosca e in qualche modo aperta al dialogo con l'Occidente tormentava da tempo il Cremlino. Quattro anni prima, alla conferenza internazionale dei partiti comunisti che si era svolta a Mosca, Berlinguer, allora vicesegretario del Pci, si era rifiutato di firmare un documento di condanna del Partito comunista cinese. Zhivkov ora sapeva benissimo che il leader italiano stava lavorando per riallacciare i rapporti di amicizia con Pechino. E così si rivolse al suo interlocutore: «Da noi i cinesi hanno cercato di creare dei gruppi, di trovare adesioni per una politica diversa dalla nostra. Anche gli albanesi. Per un anno e mezzo li abbiamo lasciati fare, ma li abbiamo fatti sempre controllare dai servizi di sicurezza. Hanno lavorato bene, i nostri servizi: oggi né i cinesi né gli albanesi fanno più gruppi da noi. Sa che cosa fanno i cinesi? Si occupano di spionaggio, scambiano informazioni con i servizi segreti occidentali, americani, inglesi, italiani. Noi li abbiamo infiltrati, abbiamo creato dei loro gruppi con i nostri uomini della sicurezza dello Stato. In Bulgaria ci si occupa principalmente di questo...».

Zhivkov, dunque, rivelò a Berlinguer che i servizi segreti dell'Est, e in modo particolare quelli bulgari, avevano infiltrato ambienti sospettati di intrattenere relazioni con Pechino. E per meglio penetrare in quegli ambienti, avevano persino creato dal niente gruppi filocinesi. Anche in questo caso è difficile pensare che il leader del Pcb non avesse scelto con cura le parole con cui far arrivare il messaggio a destinazione.

Il riferimento alla tecnica dell'infiltrazione dei partiti amici di Pechino destò molta impressione nel segretario del Pci. Almeno a giudicare dai suoi appunti su quel colloquio, conservati al Gramsci tra le carte del fondo Berlinguer. Il passaggio sui cinesi è l'unico a essere chiosato da ben due punti esclamativi. E, da quel momento in poi, la sua scrittura ordinata diventa sempre più confusa e nervosa.

Il problema dei partiti infedeli alla ortodossia moscovita per Zhivkov costituiva un vero e proprio incubo. E infatti, dopo un profluvio di elogi all'Armata Rossa, al capo supremo dell'Urss Leonid Breznev e agli immancabili successi dell'economia bulgara, il presidente toccò un altro nervo sensibile per il Patto di Varsavia. Quello rappresentato dalle due eresie alle porte di casa, la Jugoslavia e la Romania, con cui il Pci stava costruendo relazioni eccellenti.

Disse: «Le confido che qui nei Balcani abbiamo due problemi nel campo socialista. Sono la Jugoslavia e la Romania, che non applicano le linee strategiche di Mosca, fanno di testa propria specialmente in campo economico, addirittura ci contrastano. Belgrado è troppo occupata a stabilire rapporti bilaterali con tutti i Paesi, senza andare troppo per il sottile, e in campo politico a firmare accordi con i Paesi non allineati: di fatto, anche se la loro non è una scelta di campo a favore degli Stati Uniti, comunque la loro politica li mette contro l'Unione Sovietica. Gli jugoslavi sono intelligenti, più dei romeni, e perciò più pericolosi. Da parte sua, Bucarest tenta di mettere in piedi una Unione Balcanica e per questo cerca contatti con tutti i Paesi dell'area».

«Anche quelli non socialisti?» lo interruppe Berlinguer. Zhivkov sbottò: «Sì, con tutti, con la Grecia, con la Turchia, con tutti. Detto tra noi, Ceausescu è un pazzo. Invita anche gli americani. Con lui ci incontriamo spesso. Il mese scorso è venuto qui a caccia Breznev e il prossimo, come spesso fa, verrà anche Ceausescu. Lo conosco bene, so già quello che accadrà. Discuteremo animatamente per ore e ore, poi lui alzerà la voce, si arrabbierà e griderà. È un tipico schizofrenico». (Più tardi, Zhivkov si sarebbe pentito dello sfogo: «Io ho parlato con lei molto chiaramente della Jugoslavia e della Romania. La prego, le mie parole restino tra di noi» disse congedandosi dal segretario del Pci.)

Esaurito il capitolo delle «infedeltà», il leader bulgaro arrivò al dunque, al punto su cui voleva stringere l'interlocutore italiano: una conferenza internazionale dei partiti comunisti entro breve tempo per ricreare l'unità intorno alla guida sovietica. Su quel terreno, Zhivkov intendeva misurare il grado di affidabilità di Berlinguer e anche, con ogni probabilità, il margine per un suo recupero all'ortodossia moscovita.

«La rete comunista è da rafforzare. Noi siamo convinti che bisogna fare presto questa conferenza, anche con i partiti dei Paesi non socialisti» furono le sue pressanti parole.

Secca la replica di Berlinguer: «In linea di principio, noi siamo contro una nuova conferenza. Sulla situazione attuale dei partiti comunisti noi usiamo questa espressione: unità nella diversità. C'è da lavorare, fare una prima analisi e poi andare avanti. Ma oggi le condizioni non sono ancora mature».

All'improvviso, di fronte a quella risposta, Zhivkov si fece gentile, persino mellifluo. Ma solo all'apparenza. Senza essere stimolato da alcuna domanda, si rivolse al suo interlocutore parlando dei legami tra Pci e Pcb. E disse: «I rapporti tra i nostri partiti non sono mai stati così buoni. Da decenni non abbiamo mai avuto tanti scambi di delegazioni. Siamo felici, contenti, e vorrei che continuasse così. Noi abbiamo anche un piano per rafforzare i nostri contatti».

Vista la diffidenza che caratterizzava le relazioni tra il segretario del Pci e i bulgari, tanto che era stata un'impresa organizzare persino quella visita, rilette oggi le parole di Zhivkov appaiono quantomeno stonate. Che cosa voleva dire, lo «zar di Sofia»? I rapporti «mai così buoni» li intratteneva con Cossutta, non con il gruppo berlingueriano. E in che modo pensava di «rafforzare» i contatti? Qual era il «piano» che aveva in mente e che si guardò bene dall'illustrare in quella sede?

«Ha domande da farmi?» Zhivkov chiuse quella prima parte del colloquio rivolgendosi così a Berlinguer, come un monarca a un suddito.

Il segretario del Pci non si scompose. Ma le domande

che rivolse erano intinte nel curaro: «Mi può fornire più dettagli sul processo di democratizzazione in Bulgaria? Come si eleggono da voi i candidati al Parlamento? E come giudica la situazione in Cecoslovacchia?».

Alla prima domanda, Zhivkov rispose dilungandosi in una minuziosa e burocratica descrizione dei progetti di sviluppo economico, industriale e agrario della Bulgaria, persino con timide aperture al turismo («Ma bisogna stare attenti a chi vuole infiltrarsi nel nostro Paese con obiettivi poco chiari»). Il suo concetto di democrazia, evidentemente, si esauriva nella meticolosa applicazione di un piano quinquennale.

Alla seconda domanda rispose in un modo che è difficile dire se fosse più ingenuo o arrogante: «Per quanto riguarda i candidati al Parlamento, chi dirige tutto è il Partito comunista, che li sceglie tutti sia al centro che alla periferia. Se vengono fuori opposizioni non previste o linee politiche che si discostano dalle direttive centrali, le candidature decadono. Ma non succede da tempo. Adesso cambieremo. Faremo una nuova legge che permetterà la presentazione di due o tre candidati per ogni seggio in Parlamento. Ma da noi, con qualsiasi sistema elettorale, non ci saranno mai sorprese. Né competizioni. Faremo sempre la stessa politica. Semmai, abbiamo qualche problema nel candidare le donne: è sempre meglio avere un compagno che una compagna. Ma va bene così. E poi abbiamo un altro partito, l'Unione Popolare Agraria Bulgara. I nostri compagni comunisti non sono contenti, ma dobbiamo permettere a questo partito di esistere».

«Quanti sono questi agrari?» chiese Berlinguer, forse un po' annoiato.

«Centomila» rispose.

«Che base sociale hanno?» intervenne Gensini, l'unica volta che prese la parola, fingendo curiosità e interesse.

«Dal punto di vista sociale potrebbero benissimo far parte del nostro partito. Anche per gli obiettivi di politica interna» proseguì Zhivkov. «Non c'è differenza. Ma dobbiamo tenerli, questi agrari, per avere un'immagine internazionale, per seguire una linea che si è imposta nei Paesi socialisti, e anche perché hanno rapporti con diversi partiti agrari nel mondo, anche in Italia. Comunque, anche loro sono per una società socialista.»

Berlinguer tagliò corto, spostando la conversazione sul tema cruciale della Cecoslovacchia. A muso duro, confermò il dissenso già espresso dal Pci subito dopo l'invasione sovietica, nell'agosto 1968, e ribadito poi in altre occasioni: «Allora avevamo posizioni diverse. Devo dire molto apertamente che sinora non abbiamo motivi per rivedere la posizione da noi già espressa nel 1968».

Zhivkov la prese alla larga: «Noi abbiamo ottimi rapporti con tutti i partiti comunisti e buonissime relazioni con il mondo arabo. Per una prossima conferenza internazionale dei comunisti non vedo grande dissenso, salvo che con i cinesi. Per quanto riguarda la Cecoslovacchia, quando i momenti erano caldi e gli avvenimenti già caldissimi, io ero proprio a Praga con una delegazione. Fu un evento felice. Accadeva prima del nostro intervento militare. Ho visto la situazione. Era tutta una commedia. Dubcek non governava niente. Ho parlato quattro ore con lui: piangeva, si calmava un po', piangeva di nuovo. Non era lui che comandava, altri lo muovevano. Lì abbiamo capito che cosa significa una controrivoluzione silenziosa. Ho parlato tre ore anche con Bilak: anche lui era nervoso, direi scomposto. Sono tornato a Sofia, ho informato chi di dovere [Mosca, manco a dirlo] che la situazione era pesante, che stavamo per perdere la Cecoslovacchia, che le conseguenze sarebbero state gravissime e che si doveva fare qualcosa. Oggi i miei rapporti con Husák sono ottimi».

Fu a quel punto che Zhivkov, improvvisamente, si scaldò. E a muso duro, come Berlinguer lo aveva sfidato poco prima, rispose rilanciando: «Se bisogna condannare qualcuno per la nostra "invasione", bisogna condannare noi, e personalmente me. Compagno Berlinguer, per la Cecoslovacchia, dovete portare me in tribunale».

Si concluse così il primo incontro. La visita di Berlinguer a Sofia non era certo cominciata sotto i migliori auspici.

5

Il lupo nella tana

«Quello a Berlinguer non era un attentato.» Così, nell'ottobre 1991, titolava il «Giornale Nazionale», una delle testate della nuova Bulgaria postcomunista, che aveva ripreso le rivelazioni di Macaluso a «Panorama» sull'incidente del 1973. Ma la stranezza era che all'interno di un articolo dal titolo così perentorio c'erano, qua e là, dettagli di un certo interesse. Una frase, in particolare, aveva colpito la nostra attenzione: «La prima parte della visita di Berlinguer si era svolta secondo il protocollo. Ma dopo, le cose sono uscite dalle regole». Che cos'era successo? Il giornale riferiva che, dopo il primo colloquio di Varna, la mattina del 3 ottobre 1973, Berlinguer e Zhivkov ebbero un secondo incontro nello studio privato del presidente bulgaro, nella Casa del partito, a Sofia. A un certo punto, mentre il faccia a faccia tra i due leader era ancora in corso, dalla sala del colloquio uscì il capo dell'Ubo, generale Iljia Kashev, e annunciò ai giornalisti in attesa: «I colloqui vanno male, il programma iniziale è tutto cambiato. L'ospite parte immediatamente...».

L'articolo non era firmato da un oscuro cronista, ma dal

direttore del giornale, Kalin Todorov, un nome assai noto a Sofia. Il padre del giornalista, Stanko Todorov, era un pezzo grosso del vecchio regime, presidente dell'Assemblea nazionale e membro del politburo del partito fino al 1989. Dopo il collasso del sistema comunista, Kalin aveva fondato il «Giornale Nazionale» e un movimento politico di ispirazione liberale, il Fronte Nazionale. Lo cercammo, lui venne a trovarci all'Hotel *Balkan*. Alto e possente, capelli a spazzola, di bell'aspetto, in quella disastrata Bulgaria era uno dei pochi a indossare abiti di foggia occidentale, anche se ormai consunti. All'inizio, il suo racconto rispecchiava il tono del titolo del suo articolo. Lui non credeva all'ipotesi di un attentato, spiegò, perché a bordo dell'auto c'erano anche due alti dirigenti bulgari, Velchev e Tellalov. Poi, però, improvvisamente si fece più problematico. «Non era mai successo che fosse un capo dei servizi segreti a informare i giornalisti dell'andamento di colloqui politici. Quella volta fu uno strappo del tutto anomalo rispetto al rigido protocollo comunista» ci disse riferendosi all'annuncio del generale Kashev. Gli facemmo notare la contraddizione, nel suo racconto, tra la sicurezza con cui aveva escluso l'ipotesi di un attentato e i dettagli che ci forniva a conferma dei sospetti. Da alcune sue allusioni, alla fine, capimmo. Nel vecchio Pcb, ora Partito socialista, era in corso un regolamento di conti tra i riformisti e gli ultimi eredi di Zhivkov. Kalin era in contatto con i riformisti e voleva aiutarci, ma con discrezione.

Perché, dunque, non era stato un portavoce o un dirigente del partito a fare quell'annuncio ai giornalisti? Perché il generale Kashev aveva tanta premura di far sapere che il «programma iniziale» era cambiato e che Berlinguer sarebbe partito immediatamente, visto che il colloquio non era ancora finito? E a chi voleva farlo sapere: agli agenti della sicurezza mischiati ai cronisti in attesa? Todorov sorrise, allargando le braccia. Ma ci consigliò di parlare con alcuni dei giornalisti che il 3 ottobre 1973 facevano anticamera davanti allo studio privato di Zhivkov. Lui, nel frattempo, avrebbe tentato di metterci in contatto con i due dirigenti bulgari che al momento dell'incidente erano sull'auto con Berlinguer, Velchev e Tellalov.

Uno dei giornalisti in attesa davanti alla stanza dei colloqui era una nostra vecchia conoscenza, il fotoreporter della Bta Dimitri Viktorov Georgiev, a cui gli agenti dell'Ubo avevano sequestrato le fotografie scattate sul luogo dell'incidente. Con lui, quel giorno, c'erano due colleghi della stessa agenzia ufficiale bulgara, Stefan Gospodinov e Georgi Kotarov.

Raccontò Gospodinov: «Improvvisamente apparve il generale Iljia Kashev, il capo dei servizi di sicurezza, che ci annunciò: "I colloqui sono falliti. Berlinguer va via subito. Correte all'aeroporto"». Anche a noi sembrò una stranezza che fosse il capo dell'Ubo a darci quell'annuncio, prima ancora che l'incontro si fosse concluso. A nostra memoria, una cosa del genere non era mai successa. Partimmo immediatamente. Aspettammo di fronte alla sala vip dell'aeroporto, ma il corteo non arrivava. Qualcuno ci disse che aveva sentito delle sirene di ambulanza. Tornammo indietro e, dopo un chilometro, vedemmo la macchina di Berlinguer semidistrutta e il camion che l'aveva investita, fermo in mezzo alla strada. La cosa veramente strana, come ci raccontarono sul posto, era che il camion non fosse stato bloccato al passaggio del corteo di auto ufficiali. Una cosa del genere era assolutamente inconcepibile nella Bulgaria di allora».

Il camion che aveva investito l'auto di Berlinguer era dunque ancora in mezzo alla strada, quando arrivarono i giornalisti della Bta. Eppure la sua foto non era tra quelle che Georgiev ci aveva consegnato. Lui ricordava benissimo di averlo fotografato, ma non riusciva a spiegarsi come mai le immagini fossero scomparse. A meno che qualcuno dell'Ubo non avesse avuto un preciso interesse a toglierle dalla circolazione. Ma che tipo di camion era? E chi ne era alla guida? Nessuno era in grado di rispondere.

Gospodinov raccontò altri particolari di quella giornata del 3 ottobre 1973: «Nello stesso pomeriggio, mentre il mio fotoreporter era ancora nel laboratorio per lo sviluppo, arrivarono gli agenti dell'Ubo e sequestrarono fotografie e rullini. Anche quella ci sembrò una stranezza. Come pure il fatto che il giorno seguente nessun giornale diede notizia dell'incidente. Tutti, invece, avevano le prime pagine piene degli interventi dei delegati al plenum del comitato centrale del Partito comunista bulgaro, che si svolgeva contemporaneamente alla visita del segretario del Pci: erano un inno alla "intesa perfetta bulgaro-sovietica per l'edificazione del socialismo e per il rafforzamento dell'unità nel movimento comunista internazionale". Alla fine dei lavori del plenum, per la cronaca, fu votata all'unanimità la proposta di insignire il leader sovietico Leonid Breznev della più alta onorificenza di Sofia: quella di eroe della Repubblica Popolare di Bulgaria».

Subito dopo l'incidente, Gospodinov si era recato in ospedale per raccogliere notizie sulle condizioni dei feriti. «I medici mi dissero che il Partito comunista bulgaro aveva consigliato a Berlinguer di fermarsi lì alcune settimane, per completare le cure mediche. Ma lui volle tornare immediatamente in Italia. Partì nel pomeriggio del giorno seguente, il 4 ottobre, con un aereo privato, non delle linee bulgare comunque. Arrivò all'aeroporto con un'ambulanza, scese in lettiga e così fu portato sull'aereo. Lo avevano accompagnato Zhivko Zhivkov, solo omonimo del presidente, un membro di medio rango del politburo, e il candidato membro Ivan Abadjiev. Venni poi a sapere che il segretario del Pci aveva chiesto di atterrare all'aeroporto militare di Roma. Per non attirare la curiosità della stampa, disse.»

Kalin Todorov, nel frattempo, aveva rintracciato Konstantin Tellalov ed era riuscito a convincerlo a parlare con noi. Lo incontrammo nella vecchia Casa del partito. Alto e asciutto, sulla sessantina, i capelli lunghi e biondi che gli cadevano sulle spalle, più che di un ex dirigente comunista aveva l'aria di un artista bohémien. Nel 1973 era uno degli uomini più potenti del regime. Responsabile della sezione esteri, nella nomenklatura di Sofia occupava il posto numero tre. Più in alto di lui c'erano solo Zhivkov e Velchev. Il 3 ottobre era sull'auto con Berlinguer. Tellalov ricordava molto bene quel pomeriggio di diciotto anni prima. «Io non dovevo esserci su quella macchina. Avevo preso il posto della guardia del corpo di Berlinguer, sul sedile destro anteriore, accanto all'autista. Conoscevo la famiglia di Enrico, in particolare il fratello Giovanni, dagli anni Cinquanta. E, per amicizia, facemmo uno strappo al protocollo. Sulla strada per l'aeroporto, in testa al corteo ufficiale c'era un'auto della polizia, con sirene e luci blu lampeggianti, che ci scortava. Seguiva la Chaika di Berlinguer.

E dietro di noi viaggiavano altre tre Chaika con gli accompagnatori italiani e bulgari. Improvvisamente vidi sbucare un camion, che ci venne addosso. L'urto fu violentissimo. La macchina fu scaraventata sul lato della strada e andò a sbattere contro un palo della luce. Fummo fortunati, perché senza quel palo saremmo caduti giù dal cavalcavia. Io fui sbalzato fuori dall'auto e mi ritrovai ferito sull'asfalto. Ci dissero poi che il camion che ci aveva investito era dell'esercito...»

Un camion militare! Con un carico di pietre, come ci avevano riferito altri testimoni. Il suo autista, stando alle notizie filtrate dalle prime indagini della polizia (e da noi raccolte negli ambienti dell'ex Pcb), era un uomo dei reparti speciali dell'esercito. Ma su quell'indiscrezione era subito calato il segreto. Negli archivi del ministero dell'Interno i fascicoli sull'incidente erano stati distrutti. E l'Ubo aveva sequestrato le fotografie nella sede della Bta. Nessuno seppe mai il nome dell'autista del camion-killer. Né che fine avesse fatto.

Un attentato? Rispose Tellalov: «Mia moglie e gli amici, già diciotto anni fa, insinuarono il sospetto che quell'incidente non fosse casuale. Riconosco che allora non ci credetti o mi sforzai di non crederci. Di sicuro, noi eravamo il primo e più fedele Paese satellite dell'Unione Sovietica, e Berlinguer era considerato un alleato non in linea con le direttive di Mosca, poco affidabile».

Un generale dell'intelligence che si trasforma in portavoce politico di Zhivkov. Le smagliature nel servizio di sicurezza mentre il corteo ufficiale si dirige all'aeroporto. Il camion militare guidato da uno «specialista» dell'esercito che sbuca all'improvviso e investe l'auto di Berlinguer. Le fotografie della Chaika sequestrate dall'Ubo e quelle del camion scomparse. Il segretario del Pci che, nonostante abbia riportato una commozione cerebrale, non vede l'ora di tornare in Italia. Poi, la sparizione dagli archivi di ogni traccia dell'incidente, persino dei primi rilievi della polizia stradale, con nome e cognome del camionista investitore. E infine, la drammaticità del contesto politico in cui si svolge la visita del segretario comunista italiano: i pressanti inviti dei bulgari; i dubbi di Berlinguer sull'opportunità di quel viaggio a Sofia e i continui rinvii; l'aspro scontro politico tra i due leader; le minacce velate di Zhivkov durante il colloquio di Varna.

Tanti, ormai, erano gli elementi a conferma dei sospetti dello stesso Berlinguer e di Macaluso: non di incidente casuale si era trattato, ma di qualcosa di peggio. Eppure, la tesi di un attentato, pur trovando numerosi indizi a suo favore, andava sempre a cozzare contro la logica. Per assassinare Berlinguer, perché i bulgari avrebbero dovuto mettere a repentaglio anche la vita di due fra i tre uomini più potenti del regime? Tellalov aveva aggiunto particolari inediti, come quello del camion militare, ma non aveva dato una risposta a questa domanda. Non restava che Velchev.

Dopo diversi tentativi andati a vuoto, Kalin finalmente lo trovò.

Eccolo, Boris Velchev. L'uomo che avevamo di fronte dopo averlo cercato per quasi due settimane non aveva l'aria di un dirigente politico che se la fosse spassata negli anni d'oro del regime. Ormai oltre la settantina, una coperta gettata sulle spalle, si riscaldava alla fiamma di una stufetta a gas. Ci ricevette in un appartamento disadorno dentro un anonimo casermone alla periferia di Sofia. Un tavolinetto di formica che fungeva da scrivania, alcune seggiole, uno sconnesso divano in similpelle. Quello era tutto l'arredo del suo ultimo ufficio, la presidenza del Comitato per l'intesa e la cooperazione balcanica, a lui assegnata dal Partito socialista.

Nel 1973 Velchev era alla destra di Zhivkov nei due incontri con Berlinguer: quello del 1° ottobre vicino a Varna, nella residenza di Evksinograd; e quello del 3 ottobre nella sede del partito, a Sofia. In auto, poi, era seduto proprio accanto al segretario del Pci.

I suoi ricordi erano lucidi. E ci fece un lungo racconto.

«Nei colloqui sul Mar Nero, i punti di conflitto furono il dissenso di Berlinguer sull'invasione della Cecoslovacchia e il suo ostinato rifiuto ad accettare una conferenza mondiale dei partiti comunisti, che Zhivkov voleva che si svolgesse al più presto, già nella primavera seguente. Nel secondo incontro, a Sofia, si litigò di nuovo sulla Cecoslovacchia. Ma l'irreparabile avvenne, quando si toccò l'argomento Cile. Zhivkov ricostruì i fatti di Santiago, il golpe del generale Augusto Pinochet e l'assassinio del presidente Salvador Allende. Insistette parecchio sul ruolo golpista delle forze armate cilene, richiamando Berlinguer a una maggiore vigilanza rivoluzionaria. "Attenti anche voi, in Italia", sbottò a un certo punto Zhivkov. Enrico si seccò per il tono usato dal suo interlocutore. Anzi, divenne quasi furente, e replicò con estrema durezza: "Un colpo di Stato in Italia è impossibile, da noi il popolo conta". Ne seguì una pesante discussione, a tratti brutale, che durò almeno quaranta minuti in più del tempo previsto dal protocollo. Al termine, Berlinguer annunciò che voleva partire immediatamente per l'Italia.»

Il corteo delle auto ufficiali partì subito dopo dalla sede del partito. Velchev, con Tellalov e l'interprete, Ivan Peinardjiev, salì sulla Chaika di Berlinguer. Ed ecco quello che vide: «Prima del ponte sulla ferrovia, all'improvviso, la macchina della polizia con le luci lampeggianti e le sirene, che ci precedeva, accelerò senza alcun motivo apparente. Superò la gobba del cavalcavia e la perdemmo di vista. Eravamo quasi in cima al ponte, quando ci trovammo di fronte, sulla nostra corsia, un camion militare. Lo scontro fu terrificante. Seppi poi che il camion era guidato da un soldato. Alla vista della macchina della polizia, aveva rallentato per lasciarla passare, poi aveva accelerato, superato un altro camion e ci era venuto addosso a tutta velocità. La spiegazione ufficiale che ci diedero in seguito fu: l'autista non aveva visto il corteo dietro l'auto della polizia perché eravamo coperti dalla gobba del ponte. Io, che ero seduto sul sedile posteriore sinistro, di fronte allo strapuntino del povero interprete Peinardjiev, battei la testa contro la portiera dell'auto e caddi, svenuto, all'interno della macchina. La Chaika andò a schiantarsi contro un palo della luce e fu la nostra fortuna. Quel palo ci impedì di cadere giù dal ponte. Bisogna accendere un cero a quel palo».

Velchev aveva riportato una frattura alla gamba e una lesione a una pupilla e, nell'urto, aveva perso anche dei denti. Venne ricoverato nello stesso ospedale di Berlinguer. «Venni a sapere che Enrico aveva telefonato alla moglie Letizia, in Italia. All'inizio disse che tutto andava bene. Poi, con tatto, le raccontò dell'incidente e fece questo commento: "Hanno trovato il modo di darci una bella botta".»

«Un attentato, signor Velchev? Fu un attentato, secondo lei?» gli chiedemmo.

«Allora non ci pensai o non ci volli pensare perché era già pericoloso esprimere dei sospetti» rispose. «Ho rimosso il fatto per diciotto anni. Oggi, dopo le parole di Macaluso, ho cominciato a riflettere e penso proprio che si sia trattato di un attentato. Sapevo che si organizzavano cose di questo genere, finti incidenti stradali e altro. Per un attentato a Berlinguer esistevano poi solide ragioni politiche: c'erano forti tensioni tra la linea marxista-leninista di Mosca e nostra, e l'eurocomunismo.»

«Signor Velchev», insistemmo, «un dirigente del Pci, Paolo Bufalini, sostiene che la tesi dell'attentato non è credibile perché sull'auto con Berlinguer c'eravate anche lei e Tellalov.»

«Sì, nei giorni scorsi ho pensato anche a questo. Comunque», rispose senza esitazione, «se era stato organizzato un attentato contro Berlinguer, la mia presenza e quella di Tellalov sull'auto non sarebbero state certo di ostacolo. Come si dice da voi, in Italia? Due piccioni con una fava? Da noi si dice: il lupo nella tana.»

Velchev ci raccontò una storia a cui nessuno aveva mai pensato. Quella dello scontro tra conservatori e riformisti all'interno del Pcb e il suo conflitto personale con Zhivkov.

Si conoscevano da molto tempo, lui e lo «zar», sin dalla comune militanza nella Resistenza bulgara. Nel 1973 i loro rapporti si erano deteriorati perché Velchev mal sopportava la politica repressiva del regime, che si era inasprita proprio nei due anni precedenti. Nel 1971 Zhivkov aveva attuato un vero e proprio colpo di mano, riuscendo a farsi eleggere anche presidente della Repubblica. Con quell'operazione aveva inaugurato l'era della sua dittatura personale, emarginando progressivamente i dirigenti non allineati. Nella primavera del 1973 aveva sostituito diversi ministri, collocando nei posti chiave gli uomini a lui più fedeli. Primo fra tutti, Dimiter Stoyanov, a cui aveva affidato la responsabilità dell'Interno e quindi il controllo della famigerata Darzhavna Sigurnost. In quel clima da resa dei conti aveva perso la vita un personaggio importante, il ministro dell'Informazione e delle comunicazioni Haralambi Traikov: era morto in un incidente stradale.

In quelle stesse settimane cresceva invece la stella di Ludmilla Zhivkova, figlia dello «zar», e membro del politburo del partito: nominata ministro della Cultura a soli trent'anni, era già considerata la futura «zarina». Velchev, che nonostante tutto conservava un peso nel partito, aveva rimproverato al leader la rapida ascesa della figlia e si era mostrato insofferente per la dilagante corruzione negli apparati di comando.

Nell'ottobre 1973 il regime bulgaro aveva dunque due problemi: Berlinguer e Velchev. Se dopo l'urto del camion la Chaika non fosse andata a sbattere contro un provvidenziale palo della luce, quei due problemi si sarebbero risolti entrambi d'incanto. E senza nemmeno destare sospetti: proprio la presenza sull'auto di due personaggi eccellenti del Pcb avrebbe garantito un alibi di ferro a organizzatori e mandanti del complotto.

Dopo il sospetto attentato del 1973, la faida all'interno del regime bulgaro non si era placata. Diversi episodi misteriosi avevano costellato la vita politica del Paese. A cominciare dall'incidente stradale capitato proprio alla figlia di Zhivkov poche settimane più tardi. Ludmilla era rimasta gravemente ferita, avevano dovuto ricostruirle la calotta cranica con una protesi d'argento.

Velchev aveva intensificato la sua critica alla nomenklatura e alla sua corruzione. Tanto che il figlio Iljia, regista cinematografico, in un film da lui diretto aveva ferocemente messo sotto accusa il malcostume del regime. L'impatto della pellicola sull'opinione pubblica era stato talmente forte che la stampa ufficiale, strettamente controllata dal presidente, era arrivata persino a chiedere le dimissioni di Velchev da segretario del comitato centrale del Pcb. Lo stesso Zhivkov era intervenuto nella polemica contro il suo numero due: «Condannate il padre, senza il quale quel film non si sarebbe mai fatto» era stata la sua sentenza.

Nel maggio 1977 Velchev era stato espulso dal partito. Tra le accuse, quella di aver favorito, e addirittura suggerito, la realizzazione del film del figlio. Da quel momento, era rimasto senza stipendio e senza lavoro. Qualche anno dopo, gli avevano trovato un posto in uno dei tanti enti inutili della burocrazia bulgara, la Commissione per la cancellazione dei debiti dei cittadini verso lo Stato.

Con l'ex numero due erano stati epurati almeno quarantamila dirigenti e militanti del Pcb, al centro e alla periferia. Ma nonostante il nuovo giro di vite, il potere personale di Zhivkov cominciava a mostrare qualche crepa. Il Paese era attraversato dai primi fermenti di libertà, con manifestazioni di dissenso contro la dittatura e di protesta per la forte crisi economica. Quel vento, che presto avrebbe scosso l'intero Est comunista, era penetrato persino nella famiglia Zhivkov, dove Ludmilla aveva cominciato a professare idee più liberali. Troppo liberali, probabilmente, per i preoccupati dirigenti del Cremlino. L'ex aspirante «zarina» di Sofia, nel luglio 1981, era morta in circostanze misteriose nella sede del ministero della Cultura, a soli trentotto anni. Ufficialmente per emorragia cerebrale. Ma allora si disse che c'era stato lo zampino del Kgb. Qualche settimana dopo, guardando in televisione le immagini della visita ufficiale di Leonid Breznev a Sofia, i bulgari avevano assistito a una scena impensabile fino a quel momento: uno Zhivkov terreo in volto che si rifiutava ostentatamente di stringere la mano al suo illustre ospite.

La storia che Velchev ci aveva raccontato gettò finalmente un fascio di luce sulla dinamica e sul contesto politico dell'incidente dell'ottobre 1973. Mancava, però, ancora un sigillo. Quello dell'uomo che sapeva tutto sin dall'inizio. A indicarcelo furono alcuni stretti collaboratori del nuovo primo ministro, l'avvocato Filip Dimitrov, che stava per insediarsi al potere dopo aver sconfitto gli ex comunisti. Il «signore che conosce la verità» era il vicepresidente del partito del Congresso Liberale, una delle formazioni politiche della nuova coalizione di governo. Si chiamava Asen Kantardjiev, ottant'anni, ed era un giurista di fama. Nel 1973 era giudice del Tribunale supremo di arbitraggio per i crimini economici. Studioso al di sopra delle parti, non si era mai iscritto al Pcb, ma nel partito aveva molti amici influenti. Uno su tutti, a lui molto vicino: lo scrittore Damian Brniakov, un vecchio compagno d'armi e di prigionia di Velchev durante la lotta al nazismo.

Già nel 1973 Brniakov si era confidato con l'amico giurista.

«Professor Kantardjiev, che cosa le disse esattamente Damian?» gli domandammo.

«Che da sue fonti sicure all'interno del partito aveva saputo che quell'incidente era in realtà un attentato organizzato dai servizi bulgari e dal Kgb per sopprimere sia Berlinguer che Velchev, giudicato non più fedele al regime» rispose sicuro dei propri ricordi.

«Bisognava proprio ricorrere all'assassinio?» insistemmo.

«Damian mi disse che i sovietici consideravano la posizione di Berlinguer non più riconducibile all'unità del movimento comunista internazionale. E il regime bulgaro vedeva in Velchev, uomo onesto, tutto d'un pezzo, ben poco corruttibile, con forte charme personale per via della sua lotta partigiana, un ostacolo alle proprie attività.»

«Perché la messa in scena del camion?»

Raccontò: «Il falso incidente stradale è sempre stato nella tradizione dei servizi dell'Est. Non si lasciano prove. Poi, c'era un problema: qualche anno prima i servizi avevano ucciso Gorunia, nome di battaglia partigiano di Ivan Todorov, un eroe popolare della guerra poi divenuto generale e accusato dal regime di aver tentato, nel 1965, un colpo di Stato per rovesciare Zhivkov. Ne erano seguiti un processo e forti reazioni negative dell'opinione pubblica verso il presidente. Occorreva andare più cauti per evitare un altro choc ai bulgari. Da qui nasce l'idea della messinscena dell'attentato. Quando, cinque anni più tardi, i servizi uccisero a Londra con l'ombrello avvelenato lo scrittore Georgi Markov e mancarono di un soffio a Parigi l'altro dissidente Vladimir Kostov, il regime era già più forte. Poteva anche permettersi gesti plateali. I metodi delle due operazioni dei servizi segreti sono diversi, ma c'è una singolare coincidenza tra il fatto di Sofia e quelli di Londra e Parigi: l'incidente a Berlinguer accadde meno di due settimane dopo una visita ufficiale a Sofia di Leonid Breznev, che da Zhivkov fu portato anche a caccia nelle tenute statali. I casi Markov e Kostov accaddero nell'estate del 1978, tre settimane dopo una visita a Mosca di Zhivkov a Breznev».

A chiedere personalmente all'allora presidente del Kgb Yuri Andropov l'eliminazione dei due dissidenti, come «regalo di compleanno per il compagno Zhivkov», era stato Dimiter Stoyanov, uomo di fiducia dello «zar di Sofia». Stoyanov, come si ricorderà, era stato nominato ministro dell'Interno nella primavera del 1973. Pochi mesi prima dell'attentato a Berlinguer e a Velchev.

I bulgari volevano trattenere Berlinguer in ospedale per accertamenti, ma lui rifiutò. Per il rientro gli offrirono un aereo militare, ma rifiutò ancora una volta. Il segretario del Pci tornò a Roma il giorno dopo l'attentato, il 4 ottobre 1973, con un aereo messo a disposizione dall'ambasciata italiana a Sofia. Atterrò a Ciampino, un aeroporto più defilato, protetto dalla curiosità dei giornalisti. Non voleva che si sapesse quello che era accaduto nella capitale bulgara. E nessun quotidiano pubblicò la notizia dell'incidente. «L'Unità» si limitò ad annunciare il rientro del leader con un dispaccio di poche righe inviate dal corrispondente da Sofia: neppure un accenno allo scontro con il camion, né ai burrascosi colloqui con Zhivkov. L'unica traccia di una qualche anomalia era la notizia che Berlinguer era rientrato in Italia con un «aereo speciale».

Alle Botteghe Oscure sapevano dell'incidente. Ma con i dirigenti del partito il segretario non si lasciò sfuggire neppure una parola sui suoi sospetti. Si confidò solo con Macaluso, perché costretto dall'insistenza con cui il sospettoso senatore siciliano lo aveva interrogato. Ma lo vincolò al segreto: «Non dobbiamo parlarne mai più».

In famiglia, invece, Enrico si lasciò subito andare. «A casa», racconta oggi Bianca Berlinguer, «è capitato di parlarne più volte. Papà ci diceva che, per come funzionavano le cose nei Paesi dell'Est, quello non poteva essere stato un incidente casuale. Era convinto che fosse stato un attentato, ma non ne aveva le prove e dunque i suoi sospetti dovevano rimanere assolutamente privati. Alla domanda: ma perché proprio in Bulgaria, papà rispondeva: i bulgari sono più realisti del re, sempre zelanti verso i sovietici e ansiosi di compiacerli, al punto che avrebbero potuto muoversi anche autonomamente. E d'altra parte, pensava, se un incidente di quel genere si fosse verificato in Urss, avrebbe destato troppo clamore.»

Berlinguer non modificò minimamente il suo stile di vita. Dal racconto della figlia emerge un leader tutt'altro che ossessionato dalla paura di complotti contro di lui: «Anche negli anni difficili, come quelli del terrorismo, in cui viveva sotto scorta, non ha mai manifestato preoccupazione per la propria persona: e comunque si guardava bene dal trasmettercela». Di due cose però era certo: «La prima era che in Bulgaria non avrebbe mai più messo piede. E così fu. Ricordo un'estate in vacanza a Stintino, in Sardegna, durante gli anni del terrorismo. La casa in cui vivevamo non era considerata sicura. Tra noi se ne parlava, e a un certo punto venne fuori l'idea di andare all'estero. "Perché non andiamo in Bulgaria?" proposi scherzando. Papà reagì con decisione: "Sei matta? Mai e poi mai!". La seconda certezza era che quando andava nei Paesi dell'Est i sovietici lo tenessero sotto controllo. Quando parlava di argomenti delicati, non lo faceva mai in luoghi chiusi. Temeva le microspie, era sicuro che le mettessero dappertutto. Una volta lo accompagnammo in un viaggio a Mosca. In albergo ci disse: "Mi raccomando, attenzione a quello che dite, ci sono microfoni". Insomma, papà diffidava profondamente di quelli che considerava burocrati del socialismo. Era lontano da quel mondo psicologicamente e culturalmente. Tanti episodi e dettagli lo dimostrano: anche la storia, raccontata da D'Alema, del rifiuto di indossare il colbacco a Mosca, ne è una dimostrazione. Con gli interlocutori sovietici era aspro e loro lo ricambiavano».

6

Giù l'Armando

«No, non credo che ci fosse casualità in quello che accadde il 3 ottobre 1973 sulla strada dell'aeroporto di Sofia.» Oggi ne è più che mai convinto anche un investigatore italiano come il magistrato Rosario Priore. Giudice istruttore del Tribunale di Roma per molti anni, prima di trasferirsi al ministero della Giustizia, ha diretto alcune delle inchieste più complesse della storia giudiziaria italiana. Si è occupato per lungo tempo del sequestro e dell'assassinio di Aldo Moro e poi dell'aereo esploso in volo nel giugno 1980 sull'isola di Ustica. Quando Macaluso rivelò il suo segreto a «Panorama», Priore stava seguendo un caso particolarmente delicato per le sue implicazioni internazionali: l'attentato a papa Giovanni Paolo II. La sua attenzione era concentrata proprio su una pista bulgara. Ed era in partenza per Sofia, dove aveva in programma l'interrogatorio dei capi dei servizi segreti dell'era Zhivkov. Giunto in Bulgaria, preso dalla curiosità, si fece accompagnare sul posto dell'incidente per un sopralluogo. «Ne fui molto colpito» racconta oggi. «La strada era un rettilineo che correva su una pianura. Non c'erano problemi di visibilità.

Salvo in un punto, proprio il cavalcavia su cui avvenne l'incidente. Ne ricavai la netta impressione che non ci potesse essere casualità o colpa, ma addirittura intenzionalità.»

Nel 1973 Berlinguer era appena cinquantenne ed era segretario del Pci soltanto da un anno: davvero i sovietici lo temevano già al punto da desiderarne la morte, come ci dissero anche Velchev e Tellalov? Riflettendo ancora oggi, a tanti anni di distanza dalle sue rivelazioni, Macaluso non ha dubbi: «Enrico era la spina conficcata nel fianco del Pcus. A Mosca avevano un loro schema sul grado di fedeltà all'ortodossia sovietica dei dirigenti del Pci. Su ognuno di noi compilavano una sorta di pagella con giudizi e voti finali. Berlinguer era considerato inaffidabile, un infedele». Un giudizio che i leader del Cremlino maturarono sin dai primi incontri con lui.

Era l'ottobre 1964. L'artefice della destalinizzazione Nikita Krusciov era stato appena destituito con un improvviso colpo di mano. Non avendo ricevuto alcuna informazione diretta da Mosca, il Pci decise di inviare una delegazione nella capitale sovietica per capire che cosa fosse successo. Ne facevano parte Paolo Bufalini ed Emilio Sereni e a guidarla era il giovane responsabile dell'ufficio di segreteria del partito, Berlinguer. Fu lui a parlare per primo, nell'incontro con tre dei massimi dirigenti del Pcus, Mikhail Suslov, Nicolai Podgornij e Boris Ponomariov. Andò subito al sodo: il modo in cui era stato liquidato Krusciov «da noi ha sollevato riserve, perplessità e interrogativi» disse lasciando tutti esterrefatti. Il tono usato in quella circostanza dal giovane dirigente sbalordì i suoi stessi accompagnatori italiani. A Bufalini apparve «calmo, martellante, implacabile» nel pretendere spiegazioni. I sovietici non erano abituati a essere trattati da pari a pari da un partito «fratello». Ed ebbero una reazione rabbiosa. «Compagni del Pci hanno messo in dubbio le fondamenta della democrazia sovietica» tuonò Podgornij. «Respingiamo queste critiche nel modo più categorico.» «Da qualche tempo, in tema di democrazia indirizzate i vostri strali non contro il nemico, ma contro di noi» incalzò Suslov, che cominciò a elencare gli errori di Krusciov. Ma Berlinguer non credeva a una parola di quello che Suslov gli diceva e lo fece capire chiaramente. Quando, per convincerlo, i tre del Pcus gli proposero di leggere i verbali segreti delle riunioni di partito in cui si era decisa la destituzione di Krusciov, Berlinguer fu ancora più determinato: «No, non siamo venuti qui per avere informazioni riservate. Vogliamo che diate conto all'opinione pubblica di fatti e ragioni che interessano tutti i cittadini sovietici e il mondo».

Quattro anni più tardi, i sovietici ebbero una nuova prova della spigolosità del carattere di Berlinguer e della determinazione con cui sosteneva i propri punti di vista. Nell'ottobre 1968, due mesi dopo l'invasione della Cecoslovacchia, subito condannata con durezza dai comunisti italiani, ansioso di misurare la profondità del dissenso e di verificare i margini di un recupero del Pci alle tesi di Mosca, il Pcus chiese immediatamente un incontro ufficiale. Una delegazione italiana partì per la capitale sovietica. Longo era stato appena colpito da emorragia cerebrale e a guidarla, ancora una volta, fu Berlinguer. Per due giorni i dirigenti del Cremlino tentarono in tutti i modi di convincerlo a cambiare idea. Volevano che prendesse le distanze da Dubcek e dagli altri esponenti della Primavera di Praga, le cui riforme liberali erano state sin dall'inizio incoraggiate dal Pci. Ma invano. Di quei colloqui in una dacia sulla Moscova c'è un bel racconto nella biografia di Berlinguer scritta da Giuseppe Fiori: «Ostinati, i sovietici accentuano la pressione sui membri della delegazione italiana (anche avvicinandoli singolarmente). Capitano nella dacia sulla collina Lenin a ore impensate, si trattengono spesso a mangiare insieme, Kirilenko sfida Berlinguer a lunghi tornei di biliardo. Ha la metodicità del tarlo: ripete instancabilmente: "Non capisco le ragioni del vostro rifiuto ad auspicare il rafforzamento del socialismo in Cecoslovacchia". [...] Berlinguer, chino sul biliardo, muove la stecca con antica perizia [...]. Non risponde. Ha la costanza di starsene zitto per ore, al più un allargamento di braccia, un sorriso, un'espressione indecifrabile». Non si spostò di un millimetro dalla sua granitica posizione. Quello che aveva da dire lo aveva già ripetuto più volte ai sovietici: «La cosa immediata da fare è il ritiro delle truppe d'occupazione».

Pochi mesi dopo, nel giugno 1969, Berlinguer tornò in Unione Sovietica, per la Conferenza internazionale dei partiti comunisti, da leader in pectore del Pci (in febbraio era stato eletto vicesegretario ed era ormai prossimo a diventare il numero uno). Mai, a Mosca, erano state udite parole così dure come quelle pronunciate dal leader italiano. Non si limitò, infatti, a confermare il dissenso sulla Cecoslovacchia. Contestò il ruolo guida del Pcus nel movimento comunista internazionale. Respinse l'idea che il modello di società sovietico fosse esportabile. Rivendicò l'autonomia dei comunisti italiani nella ricerca di una via democratica e pluralista al socialismo. Ai sovietici e ai loro alleati più fedeli non sfuggì certo la portata di quell'intervento e le conseguenze che nel tempo avrebbe inevitabilmente provocato: la linea berlingueriana avrebbe accelerato una tendenza da tempo in atto nel Pci, sin dalla segreteria Togliatti, che avrebbe portato il partito italiano fuori dalla grande famiglia del comunismo sovietico, verso le democrazie occidentali. Lo capirono bene, all'Ovest, anche gli osservatori più avvertiti: «Un seme, senza dubbio, oggi è stato gettato» commentò con entusiasmo il quotidiano francese «Le Monde» in un editoriale dedicato all'astro nascente del Pci, il 13 giugno 1969.

L'idea stessa che potesse esistere un «socialismo dal volto umano» era devastante per l'equilibrio interno dell'Urss e dei Paesi del Patto di Varsavia, secondo gli analisti del Kgb. L'incubo di una destabilizzazione da contagio si era già materializzato negli anni precedenti, con la Primavera di Praga e con il suo leader, Dubcek. L'esperienza cecoslovacca, racconta un ex colonnello del servizio di informazione sovietico, Oleg Gordievskij, nella sua *Storia segreta del Kgb,* «avrebbe finito, prima o poi, per recare danni irreparabili al ruolo guida del partito comunista». Soffocato con i carri armati l'esperimento praghese nell'agosto 1968, quello stesso incubo si materializzò nemmeno un anno dopo attraverso le parole di un comunista italiano, Enrico Berlinguer. L'Urss brezneviana, riferisce sempre Gordievskij, era in preda a una vera e propria sindrome da accerchiamento. I rapporti che si stavano stringendo tra Cina e America costituivano una minaccia; aggravata dall'infedeltà crescente di Jugoslavia e Romania. E ora anche dalle velleità autonomistiche del più forte partito comunista dell'Occidente. Era la stessa preoccupazione di Zhivkov, come abbiamo visto dal verbale del colloquio con

Berlinguer a Varna. E di un altro fedelissimo alleato di Mosca, il nuovo regime stalinista cecoslovacco, che aveva sostituito quello riformista della Primavera.

Nel marzo 1972, il giovane dirigente del Pci che aveva sfidato il potere del Cremlino, la «spina nel fianco del Pcus», venne eletto segretario nel congresso di Milano. L'evento, negli ambienti filosovietici del partito e della sinistra italiana, fu avvertito come una sciagura, un tradimento degli ideali rivoluzionari. Un episodio tragico e inquietante segnò l'inizio di quel congresso: la morte di Giangiacomo Feltrinelli. Fu un incidente sul lavoro (se casuale o indotto, non si è mai accertato), la bomba che l'editore-guerrigliero stava collocando su un traliccio di Segrate esplose in anticipo per un difetto del timer e lo uccise. Feltrinelli, come è poi emerso dall'inchiesta, voleva sabotare la linea elettrica per far mancare la corrente nel Palalido di Milano, dove si stavano aprendo le assise che avrebbero consacrato la leadership berlingueriana.

L'attentato al traliccio non era il gesto isolato di un romantico visionario, ma il frutto di un disegno maturato tra il 1968 e il 1972. Proprio nel periodo in cui, dopo il dissenso espresso sull'invasione cecoslovacca e dopo la malattia di Longo, all'interno del Pci era iniziata l'ascesa di Berlinguer. In quegli anni, in Italia, un fronte filosovietico, con solide basi anche a Praga, si saldò in un progetto rivoluzionario, contro il revisionismo del gruppo dirigente comunista. Uno degli ispiratori di quel disegno era un uomo del Pci, Pietro Secchia. Era stato tra i capi della Resistenza. Dopo la guerra, vice di Togliatti e responsabile dell'organizzazione, aveva diretto anche l'apparato paramilitare clandestino del partito, formato in gran parte da ex partigiani a lui fedeli e ostili alla «via italiana al socialismo» indicata dalla dirigenza. Qualche tempo dopo l'incidente stradale in cui Togliatti rischiò la vita, venne destituito dall'incarico. Sempre più emarginato all'interno del Pci, Secchia però non aveva mai cessato di tessere la sua ragnatela nell'apparato, fra gli ex partigiani delusi e con i regimi di Mosca e Praga. La fiammata rivoluzionaria del Sessantotto e la crescita dell'astro berlingueriano lo avevano convinto che era finalmente giunto il momento di passare all'azione.

Nel frattempo, un suo vecchio amico e sodale politico, Giangiacomo Feltrinelli, aveva fondato i Gap (Gruppi di Azione Partigiana) ed era entrato nella clandestinità, conservando però un appartamento nel centro di Praga. Quasi contestualmente erano sorte anche le Brigate Rosse. Uno dei fondatori, l'ex comunista secchiano di Reggio Emilia Alberto Franceschini, nel libro-intervista *Che cosa sono le Br* (pubblicato nel 2004), ha dichiarato che una delle ragioni che indussero lui e i suoi compagni a compiere la scelta della lotta armata fu proprio la nomina di Berlinguer a vicesegretario del Pci, nel 1969: «Con lui il partito andava esattamente nella direzione opposta a quella da noi auspicata. Era il capo dei venduti. Con lui era arrivato a conclusione il processo iniziato con la destalinizzazione. Non era di origini operaie, proveniva addirittura da una famiglia aristocratica, e non aveva fatto la Resistenza, come Longo o Secchia: anche dal punto di vista della biografia personale rappresentava una rottura. Per noi era un nemico». Le neonate Brigate Rosse, ha aggiunto Franceschini in quell'intervista, avevano contatti stabili con Feltrinelli, il quale non faceva mistero dei suoi rapporti con

Mosca, Praga e Cuba. Anzi, voleva che le Br stringessero un'alleanza con i Paesi del «campo socialista». E in quel momento privi di riferimenti all'estero, i capi brigatisti Franceschini e Renato Curcio delegarono all'editore la gestione delle loro relazioni internazionali.

Nel 1972, quando Berlinguer stava per essere eletto alla segreteria, era dunque già da tempo operante un'alleanza tra le Br e Feltrinelli, e tra questi e Pietro Secchia. L'obiettivo era la costruzione di una forza politica capace di coalizzare tutti i fermenti rivoluzionari, dentro il Pci e fuori, in un unico fronte antiberlingueriano: il partito della lotta armata. La morte di Feltrinelli e quella di Secchia, avvenuta poco dopo per avvelenamento, a quanto pare, non bloccò quel progetto. Anzi, il programma rivoluzionario venne addirittura accelerato. E con gli anni, a mano a mano che si realizzava la politica di Berlinguer, sull'originaria «purezza ideologica» di Secchia, Feltrinelli e del gruppo storico delle Br, prese sempre più il sopravvento la follia omicida.

Tornando al Pci, il ruolo che Secchia ebbe nel dopoguerra lo ricopriva, nella prima fase dell'era berlingueriana, un dirigente assai più accorto e prudente di lui, Cossutta. Attraverso le carte dell'Istituto Gramsci, abbiamo visto quale fosse il grado di amicizia che caratterizzava i suoi rapporti con l'Est e in particolare con la Bulgaria di Zhivkov.

Proprio nel periodo che precedette il viaggio di Berlinguer a Sofia, il responsabile dell'organizzazione, e di fatto numero due del partito, fu protagonista di un altro episodio di cui all'epoca si parlò poco, ma che oggi appare davvero illuminante. Su segnalazione del Kgb, Cossutta «scoprì» e denunciò alla segreteria «due spie» dei servizi italiani che lavoravano nella sezione esteri del partito, Edoardo Ottaviano e Mario Stendardi. Massimo Caprara, a lungo collaboratore di Togliatti, poi uscito dal Pci, racconta che la segreteria convocò uno dei due, Stendardi, un milanese che dirigeva l'associazione Italia-Ungheria, per notificargli l'accusa di spionaggio: «Ci risulta che tu, compagno, hai dei collegamenti con i servizi segreti d'informazione. Chi sono i capi di questa polizia segreta?». «Il capo», rispose Stendardi ritorcendo l'accusa contro il dirigente che li aveva denunciati, «è il compagno Armando Cossutta, membro della direzione del partito e della segreteria, presidente dell'Italturist [l'agenzia di viaggi legata al Pci], che cura i viaggi nell'Est. Oltre a lui, ci sono il senatore Anelito Barontini, membro del comitato centrale e responsabile della sezione di amministrazione, e Salvatore Cacciapuoti, membro dell'ufficio di presidenza della Commissione centrale di controllo». La segreteria, standosempre al racconto di Caprara, affidò proprio a Cossutta il compito di «istruire il processo e di comminare la pena». Le «due spie» furono licenziate. Ma il «giudice istruttore» utilizzò il caso come pretesto per la rimozione del responsabile della sezione esteri, Carlo Galluzzi, il più antisovietico dei dirigenti comunisti dell'epoca, «socialdemocratico già quando a Botteghe Oscure socialdemocrazia era una parolaccia», secondo il ricordo di Paolo Franchi, editorialista del «Corriere della Sera» e suo amico personale.

Se Berlinguer fosse morto nell'incidente stradale di Sofia o ne fosse uscito gravemente menomato, chi lo avrebbe sostituito al timone del partito? Il potente Cossutta? Era questo il «piano» per migliorare i rapporti tra Pci e Pcb, a cui aveva accennato Zhivkov, senza entrare però nei dettagli, nel colloquio di Varna? Chissà. Certo è che, quando il segretario tornò dalla Bulgaria, nel primo congresso utile, lo destituì. Proprio come aveva fatto Togliatti con Secchia qualche tempo dopo l'incidente in Val d'Aosta.

La testa di Cossutta cadde un anno e mezzo dopo la visita del leader a Sofia, nel congresso che si svolse al Palaeur di Roma dal 18 al 23 marzo 1975. I giornali lo definirono il «congresso del compromesso storico». Ma quelle assise ebbero importanza anche per le scelte di politica estera compiute dal Pci, che per la prima volta abbandonò la parola d'ordine dell'uscita dell'Italia dalla Nato. Berlinguer ne risultò enormemente rafforzato. Non solo sul piano politico, ma anche su quello del potere interno, attraverso la promozione di una leva di giovani dirigenti sintonizzati sulla sua stessa lunghezza d'onda. Cossutta fu estromesso dalla segreteria, e il suo incarico di responsabile dell'organizzazione venne affidato a un uomo della destra interna, Gerardo Chiaromonte. «È caduto giù l'Armando» titolarono i giornali, a cui non era certo sfuggita una delle novità più rilevanti di quel congresso. Racconta Fiori, nel suo *Vita di Enrico Berlinguer*: «Il dato più vistoso è l'eclissi di Cossutta, dal 1969 coordinatore, di fatto il numero due del partito. In questi sei anni ha avuto responsabilità di rilievo in punti nevralgici, la selezione dei quadri e l'organizzazione, l'amministrazione (ha risanato le finanze del Pci), le relazioni con l'Urss. Perché la rimozione dalle funzioni di coordinatore e anche dalla segreteria? Esigenze di ricambio è la motivazione espressa». Fuori dall'ufficialità, nel chiuso della Commissione elettorale del congresso, mentre si discutevano i nuovi organigrammi, Berlinguer aveva invece dato una sua spiegazione. Eccola: «Si sono accumulate nella persona del compagno Cossutta molte responsabilità e molto potere». Giancesare Flesca tradusse il senso di quelle parole spiegando già allora, sull'«Espresso», che nella decisione di destituire Cossutta avevano influito, con ogni probabilità, «le sue "relazioni speciali" con l'Urss».

Un anno dopo, nel giugno 1976, il segretario del Pci rese ancora più esplicita la scelta antisovietica e filoatlantica del congresso, attraverso una famosa intervista rilasciata a Giampaolo Pansa, che allora lavorava al «Corriere della Sera».

«Non teme che Mosca faccia fare a Berlinguer e al suo eurocomunismo la stessa fine di Dubcek e del suo socialismo dal volto umano?» domandò Pansa.

«No. Noi siamo in un'altra area del mondo...» rispose il segretario del Pci.

«Insomma, il Patto Atlantico può essere anche uno scudo utile per costruire il socialismo nella libertà...» insistette il giornalista.

«Io voglio che l'Italia non esca dal Patto Atlantico anche per questo, e non solo perché la nostra uscita sconvolgerebbe l'equilibrio internazionale. Mi sento più sicuro stando di qua» fu la clamorosa risposta.

L'intervista venne pubblicata il 15 giugno 1976 con un titolo a sei colonne sulla prima pagina del quotidiano milanese. E suscitò parecchio scalpore, com'era prevedibile. Fatto curioso è che lo stesso giorno fu pubblicata anche dall'«Unità», ma con minore risalto. Il portavoce di Berlinguer, Tonino Tatò, aveva trasmesso il testo dell'intervista al giornale del partito. Però, come racconta Fiori, «Tatò non ha passato la domanda-chiave e la risposta-chiave». Aveva censurato, insomma, proprio la parte più sgradita ai sovietici, quella sulla funzione protettiva della Nato anche nei confronti di un leader eurocomunista. Comunque, qualche giorno dopo la pubblicazione dell'intervista sul «Corriere della Sera», Pansa incrociò Cossutta. Di quell'incontro, il giornalista riferì molti anni dopo sull'«Espresso»: «Io me lo ricordo, l'Armandone, ai tempi di re Enrico. Quando intervistai Berlinguer sulla Nato, un Cossutta invelenito mi sibilò: "Gliela farò pagare, a Enrico, quell'intervista". Oggi Cossutta strilla di aver sempre combattuto Berlinguer a viso aperto. Viene da rispondergli: ma mi faccia il piacere! Io non l'ho dimenticato il lavorio sotterraneo dei cossuttiani, d'accordo con i compagni sovietici, allora potenti».

Dopo il congresso del 1975, i rapporti tra Berlinguer e Cossutta si fecero sempre più tesi, fino ad arrivare alla rottura. A mano a mano che il primo accentuava le posizioni antisovietiche, il secondo tentava di ricostituire una propria rete occulta all'interno del partito, preparandosi alla resa dei conti finale. Quel momento arrivò poco prima del Natale 1981, quando in Polonia il generale Wojciech Jaruzelski proclamò lo stato d'assedio per reprimere la Primavera di Solidarnosc. Durante una tribuna politica televisiva, il notista politico del «Giornale» Francesco Damato pose al segretario del Pci una domanda d'obbligo sui fatti polacchi. La risposta di Berlinguer sarebbe passata alla storia come lo «strappo» da Mosca: «La capacità propulsiva di rinnovamento delle società che si sono create nell'Est europeo è venuta esaurendosi».

La reazione da Est fu immediata e violenta. Le ostilità nei confronti di Berlinguer vennero aperte dal «Rude Pravo», l'organo del Partito comunista cecoslovacco, l'8 gennaio 1982: «La direzione del Pci è passata al campo dei nemici della nostra comune causa. Chi desiderava da sempre che il Pci perdesse peso nella vita politica italiana ora formula apertamente delle previsioni su imminenti scontri in seno al partito». Quell'allusione agli scontri imminenti venne letta dai dirigenti comunisti italiani come un messaggio a una non meglio precisata «quinta colonna» sovietica nel Pci. Qualche giorno dopo la pubblicazione dell'articolo sul «Rude Pravo», da Mosca arrivò la condanna definitiva nei confronti del gruppo berlingueriano. Fu affidata alla «Pravda», il giornale del Pcus: «È avvenuto qualcosa di mostruoso: a parole i dirigenti del Pci si mostrano disponibili a lottare per la pace, ma in realtà calunniano la forza fondamentale di questa lotta, l'Urss, e i suoi alleati socialisti». Una sentenza senza appello.

Quasi contestualmente agli attacchi cecoslovacco e sovietico, arrivò l'anatema di Cossutta, che nella direzione del Pci bollò la dichiarazione di Berlinguer come «uno "strappo" non tanto con l'Unione Sovietica, quanto con le radici stesse del partito di Gramsci e di Togliatti». Da quel momento l'ex potente numero due si mise apertamente alla testa di una corrente filosovietica, in opposizione alla linea del segretario. Dopo un anno di scontri e manovre, la partita si chiuse nel congresso di Milano, ai primi di marzo 1983, con la sconfitta di Armando Cossutta, che ottenne un misero 1,23 per cento contro il 96,57 del suo avversario. Berlinguer venne rieletto alla guida del Pci con un vero e proprio plebiscito. Vinta quella battaglia, il leader del comunismo italiano avrebbe potuto finalmente realizzare il suo progetto entrando nella grande famiglia del socialismo democratico europeo.

Se ne avesse avuto il tempo.

7

La «quinta colonna» di Mosca

Il ciuffo mosso da leggere folate di vento. Il viso teso. La voce spezzata dalla fatica. La mano che porta alle labbra prima il bicchiere con l'acqua, poi il fazzoletto. Gli occhi che si chiudono. La testa che si piega più volte sui fogli e si rialza lentamente. Poi Berlinguer che si interrompe e resta per alcuni istanti a fissare il vuoto. Mentre gli uomini sul palco gli si fanno intorno premurosi e dalla folla si levano sempre più forti le grida di incoraggiamento: «En-ri-co! En-ri-co! En-ri-co!». Quasi a esorcizzare il dramma che si stava consumando sotto gli occhi di tutti e che poi la tv avrebbe portato nelle case di mezzo mondo.

Se ne andò così, il leader dell'eurocomunismo. Un'emorragia cerebrale lo colpì la sera del 7 giugno 1984, mentre parlava in piazza della Frutta, a Padova. Un malore da stress, con ogni probabilità. Lo stesso malore che, prima di lui, aveva stroncato altri due segretari comunisti italiani, Palmiro Togliatti e Luigi Longo. Berlinguer morì dopo quattro giorni di coma, l'11 giugno, a sessantadue anni. Cadde sul campo, mentre stava per raccogliere i frutti della sua ultima battaglia. La più difficile, perché combattuta per quindici anni, dal giorno della sua elezione alla vicesegreteria nel 1969, contro un nemico potente. E subdolo, perché si era insinuato anche dentro il Pci, costruendo basi in ogni sezione e federazione e persino nelle stanze attigue a quella del segretario, alle Botteghe Oscure. Un nemico silenzioso e sfuggente: quella «quinta colonna» sovietica evocata, dopo lo strappo, nella polemica tra l'organo del Partito comunista cecoslovacco «Rude Pravo» e «l'Unità». E dallo stesso Berlinguer, poco prima che morisse, in una pubblica denuncia dei protagonisti oscuri di un intenso lavorio contro la sua leadership.

Tracce consistenti di una «quinta colonna» dell'Urss dentro il Pci, come abbiamo visto, sono emerse con una certa frequenza nel corso dell'inchiesta sull'incidente-attentato di Sofia. La sensazione di un'altra presenza, di una sorta di protagonista invisibile eppure sempre in azione, ci ha accompagnato dall'inizio alla fine di questa incredibile storia. Ma oggi, così come si sono chiariti dinamica, contesto e motivazioni dell'episodio bulgaro, anche quel nemico subdolo e sfuggente può uscire dall'alone di segretezza che lo ha protetto per decenni. E attraverso i documenti e le testimonianze che si sono accumulati dopo la fine della guerra fredda è possibile ricostruire, sia pure a grandi linee, la sua attività al servizio dell'Urss, contro Enrico Berlinguer. Attività che era iniziata molto prima dell'incidente di Sofia ed era proseguita anche dopo, fino al giorno della sua morte.

«Il membro del politburo del Pci, compagno Armando Cossutta, su incarico della direzione del partito, ha chiesto l'aiuto del comitato centrale del Pcus al Pci per problemi particolari...» È una nota con la classifica di «Segretissimo», datata 20 aprile 1974 e firmata da Boris Ponomariov, uno dei massimi dirigenti del partito sovietico nell'era brezneviana. Era tra le carte del Kgb. Dopo il crollo del Muro, il magistrato di Mosca che indagava sui finanziamenti al Pci l'ha inviata ai colleghi romani Ionta e De Ficchy, insieme a tantissimi altri documenti interessanti. Problemi particolari? «Nel corso di consultazioni a Mosca», continua Ponomariov, «il compagno A. Cossutta ha precisato che la direzione del Pci, allo scopo di creare le condizioni per il lavoro del partito nell'eventualità di un brusco peggioramento della situazione politica del Paese, chiede che il Pci venga aiutato nell'addestramento di istruttori e specialisti in comunicazioni radio, messaggi in codice, tecniche di partito e di travestimento, nella messa a punto di programmi per radio comunicazioni e documenti cifrati e nella fabbricazione di documenti d'identità italiani ed esteri [...]; riteniamo possibile soddisfare la richiesta della direzione del Pci e ospitare in Urss, durante il 1974, diciannove comunisti italiani per un addestramento speciale.»

Era il 1974, aprile. Sette mesi dopo l'incidente di Sofia. Cossutta non era stato ancora destituito e, alla guida dell'apparato, continuava a tessere rapporti specialissimi con le capitali dell'Est. In una certa misura, sicuramente con l'autorizzazione di Berlinguer, il quale temeva un golpe di destra, che avrebbe comportato inevitabilmente anche la messa al bando del Pci. Non va dimenticato il clima di quel periodo. Nel 1969 c'era stata la bomba di piazza Fontana, a Milano, la prima di una serie di stragi attribuite ai fascisti (Peteano, via Fatebenefratelli, Brescia, *Italicus...*). Un anno dopo piazza Fontana, il principe nero Junio Valerio Borghese aveva tentato di prendere il potere con la forza; il suo progetto era fallito in dirittura d'arrivo soltanto perché erano mancati gli appoggi internazionali promessi. Ad alimentare le paure di Berlinguer, rendendo ancora più concreta la minaccia di destra, avevano contribuito anche i fatti del Cile, dove nel 1973, con l'aiuto americano, i militari avevano rovesciato il governo legittimo dei socialisti e assassinato Salvador Allende. E nel 1974, l'anno in cui Cossutta chiese aiuto al Pcus, la destra di ispirazione gollista di Edgardo Sogno e Randolfo Pacciardi aveva progettato un golpe istituzionale per imporre una Repubblica presidenziale: gli ambienti dell'oltranzismo atlantico erano spaventati dalla politica del compromesso storico e volevano impedire in quel modo che il Pci entrasse nell'area di governo. Anche per loro, come per gli oltranzisti del campo filosovietico, il «marchese» Berlinguer costituiva un'insidia. Un'insidia ancora più pericolosa, avrebbe poi confessato lo stesso Sogno, perché era un «comunista diverso, aristocratico», e quindi in grado di esercitare un fascino «persino sul mio amico Gianni Agnelli».

In quel clima così pesantemente condizionato dalla paura di un golpe, come aveva già fatto in altre occasioni (nel 1960, durante il governo di Fernando Tambroni, appoggiato dai neofascisti del Msi; e nel 1964, all'epoca dei piani golpisti attribuiti al generale Giovanni De Lorenzo), il Pci chiese aiuto a Mosca. Nell'eventualità che i comunisti venissero dichiarati fuorilegge, voleva predisporre una serie di servizi logistici per garantire al partito la sopravvivenza nella clandestinità: dai rifugi ai mezzi di comunicazione, dai passaporti falsi all'approvvigionamento di armi e denaro. Attività compatibile con il clima da guerra civile strisciante che caratterizzava la vita del Paese negli anni della cortina di ferro, ben nota del resto ai servizi italiani e persino tollerata dagli stessi avversari democristiani, i quali a loro volta si erano attrezzati, con l'organizzazione Gladio, per fronteggiare un'eventuale minaccia comunista.

Berlinguer, dunque, sapeva benissimo dei rapporti di collaborazione tra gli uomini dell'apparato e il Kgb e gli altri servizi segreti dell'Est. Ma fino a che punto arrivavano le sue conoscenze? Di sicuro, nel 1973, prima di recarsi a Sofia, il segretario del Pci sospettava che dietro la facciata difensiva dell'apparato si celasse un doppio fondo controllato direttamente dall'intelligence sovietica. Risulta da un'informativa del Sid, il servizio segreto italiano, sui complessi legami tra il Pci e la «Scuola superiore» del Pcus a Mosca, dove venivano formati i quadri della struttura: «I corsi di tale scuola [...] erano stati ridotti a tre e a due anni, ma dall'anno scorso sono stati riportati alla durata originaria [quattro anni]. La direzione del Pci negli anni scorsi aveva tentato di ridurre gradualmente il numero degli allievi, con la segreta intenzione di annullare completamente la partecipazione italiana al fine di evitare che si costituisse nell'ambito del partito una quinta colonna filosovietica potenziale causa di dissidi interni. I sovietici, accortisi della manovra e dimostrando palesemente interesse ad alimentare tale quinta colonna, hanno pregato i dirigenti italiani di continuare a inviare annualmente almeno una ventina di allievi».

La nota dei servizi italiani è datata 7 luglio 1973. Due mesi e mezzo prima del viaggio di Berlinguer a Sofia. Quando, nei colloqui di Varna, Zhivkov gli parlò dei «cinesi» e delle tecniche di infiltrazione dei «partiti infedeli», con ogni probabilità il segretario del Pci ebbe la conferma dei suoi sospetti. Si capisce meglio, allora, perché nei suoi appunti su quell'incontro avesse chiosato con due punti esclamativi le parole del leader bulgaro sull'attività dei servizi dell'Est. Si capisce anche perché, dal quel momento, come abbiamo visto, la sua scrittura precisa fosse diventata improvvisamente nervosa e disordinata. E ancora di più si illumina la sua decisione, appena rientrato a Roma, di destituire Cossutta.

Ma quello che allora Berlinguer poteva soltanto sospettare, in tempi più recenti è venuto a galla con sufficienti margini di certezza. Dall'inchiesta della Procura romana e poi dalle carte di Vasilij Mitrokhin (l'ex archivista del Kgb fuggito a Londra nel 1992 con intere casse di documenti), l'apparato comunista è emerso come una struttura sdoppiata, con una facciata «legale» nota ai leader e da loro controllata, e un livello occulto alle dirette dipendenze di Mosca, attraverso il quale l'intelligence orientale non solo teneva costantemente sotto osservazione i dirigenti italiani per misurare il loro grado di fedeltà all'ortodossia sovietica, ma cercava anche di condizionarne, o addirittura di ostacolarne, la politica.

Il servizio segreto cecoslovacco era uno dei più attivi su questo fronte. La sua attenzione per il Pci era forte già nell'immediato dopoguerra, quando a Praga venivano accolti e addestrati diversi ex partigiani di Pietro Secchia, ostili alla linea togliattiana, sospettati di aver compiuto omicidi politici. In un appunto dei nostri servizi, datato giugno 1952, si parla di scuole per militanti provenienti «in parte clandestinamente» dall'Italia. Tra le altre, vi era una scuola di «attivazione politica», i cui allievi venivano «irradiati nel territorio di quella Repubblica per la sorveglianza politica degli altri italiani». Spionaggio, in sostanza, ai danni degli altri comunisti italiani che vivevano in Cecoslovacchia. Un'altra scuola era invece di «meccanica pesante», per «terroristi e propagandisti», diretta da ufficiali del locale servizio segreto e dal braccio destro di Secchia, Francesco Moranino, condannato in Italia per una serie di omicidi compiuti per vendetta dopo la guerra. L'attività di Praga contro il Pci si intensificò ulteriormente dall'agosto 1968, dopo l'invasione sovietica, quando nel partito italiano cominciò ad affermarsi la leadership dell'eretico Berlinguer.

Abbiamo visto, anche nei colloqui con Zhivkov, quanto fosse decisa la sua condanna dell'invasione. Tra l'altro, proprio nei giorni in cui era in visita a Sofia, il segretario del Pci aveva inviato in Cecoslovacchia un suo emissario, Silvano Goruppi, per una missione segreta e molto delicata: riprendere i contatti con gli uomini della Primavera, emarginati dal regime neostalinista. Al suo rientro in Italia, il 15 ottobre 1973, Goruppi scrisse un rapporto riservato. Quel documento oggi è tra le carte dell'Istituto Gramsci. «Il Paese è un vulcano che dall'alto si stringe per paura che ci sia qualche fuga» riferiva. «Si stringe e non si permette nessun dibattito perché in questo modo il gruppo di potere riesce a mantenere le proprie posizioni. Infatti questi è composto da elementi mediocri decisi a fare di tutto pur di non perdere le leve del comando [...]. Quella cecoslovacca è una realtà che va seguita [...]. Il Paese non può rimanere ancora a lungo in questo stato di "fermo".»

L'interesse del Pci per il dissenso in Cecoslovacchia era abbondantemente ricambiato dai servizi segreti del Paese oltrecortina con il sostegno, tra il 1968 e il 1972, a Secchia e Feltrinelli e ai loro progetti rivoluzionari e antiberlingueriani. In un appunto del Sid del 26 aprile 1973, si accenna a «speciali corsi riservati ad attivisti e movimenti dell'estrema sinistra in Urss, Cecoslovacchia, Bulgaria, Polonia, Cuba e Albania». E a proposito di Feltrinelli, morto l'anno precedente sotto il traliccio di Segrate, si dice che «manteneva contatti con il Kgb, con il servizio cubano e con quello cecoslovacco. Egli, in particolare, assolveva i compiti di collegamento, sotto il profilo del coordinamento operativo, tra detti servizi e i seguenti gruppi e movimenti eversivi: Brigate Rosse, Gap, movimenti separatisti sardi, Fari, gruppi anarchici individualisti, Fronte Rivoluzionario Clandestino di Aosta, gruppo XXII Ottobre di Genova e Fronte Rivoluzionario d'Italia». Le notizie che i servizi italiani avevano raccolto in tempo reale, oltre trent'anni dopo hanno trovato una conferma nella testimonianza di uno dei fondatori delle Brigate Rosse, Alberto Franceschini. Il quale, nel già citato libro-intervista *Che cosa sono le Br,* parla dei rapporti fra ex partigiani secchiani ostili alla linea antisovietica del partito e brigatisti rossi. E rivela anche i contatti, in Piemonte, con gli uomini di Moranino.

Dopo la morte di Feltrinelli e Secchia, l'offensiva dei servizi cecoslovacchi contro Berlinguer non si placò, come risulta da un altro documento redatto dal centro bolognese del controspionaggio italiano nel settembre 1974, pochi giorni dopo l'arresto a Pinerolo di Franceschini e del suo compagno Renato Curcio (è lo stesso servizio segreto a fare esplicito riferimento alla cattura dei due capi brigatisti per spiegare il contesto in cui aveva raccolto le informazioni). Secondo quella nota, attraverso «ex funzionari emarginati dal Pci dopo la destalinizzazione», i cecoslovacchi contattarono diversi militanti per invitarli a «entrare nella loro organizzazione». Alcuni rifiutarono e ne parlarono con i dirigenti del partito, altri invece accettarono. «Gli elementi agganciati», spiega poi la nota del controspionaggio, «giudicherebbero il loro compito collegato a un disegno politico di denuncia dei cedimenti del Pci e di costituzione di un'ala sinistra del partito capace, in proiezione futura, di assumere più larghe responsabilità o di dar vita a un nuovo partito comunista di stretta osservanza sovietica.» E aggiunge: «Il Pci, sia pure con molta prudenza, intende scoprire e annientare questo spionaggio politico collegato al Pc cecoslovacco. I dirigenti del Pci, peraltro, sono persuasi che i cecoslovacchi non agiscono di propria iniziativa, ma al servizio dei sovietici, per cui la situazione è ritenuta molto preoccupante. Il Pci teme, qualora dovesse per favorevoli circostanze assumere funzioni di governo, l'aprirsi di larghi varchi alla sua sinistra per la formazione di un secondo partito comunista e ritiene che l'Urss lavori in questa direzione».

L'informativa dei servizi non dice quale fosse l'organizzazione per la quale lavoravano i cecoslovacchi. Tuttavia, la costruzione di una forza rivoluzionaria che coagulasse gli umori antiberlingueriani presenti dentro e fuori il Pci era l'obiettivo di Secchia e Feltrinelli. I quali, come racconta Franceschini, avevano individuato nelle Br la struttura militare su cui innestare il progetto del «partito armato». Lo stesso Berlinguer, del resto, era convinto che nelle vicende del terrorismo rosso ci fosse anche lo zampino dei servizi dell'Est, oltre alla mano dell'intelligence occidentale. Lo rivelò Macaluso nell'intervista a «Panorama» del 1991. Ed è emerso in seguito dalle carte di Mitrokhin: dirigenti del Pci intervennero sui sovietici, e in modo ancora più pressante sui cecoslovacchi, affinché cessassero i loro aiuti alle Brigate Rosse.

Se in seguito regimi dell'Est abbiano continuato a soffiare sul fuoco del terrorismo italiano è difficile dirlo. Di sicuro, non hanno mai smesso di agitare sulla testa di Berlinguer e del Pci lo spettro di una scissione. Mosca, come racconta Gordievskij nella sua *Storia segreta del Kgb,* «era disturbata dalla prospettiva che il Pci, con il quale già aveva alcune divergenze di vedute, entrasse a far parte di un governo di coalizione, o addirittura ne divenisse il partito guida». Il Pcus, «cui era familiare la storia» dei comunisti italiani, «aveva un po' previsto che Berlinguer avrebbe sposato l'eurocomunismo. Fu ancora più dispiaciuto quando vide il partito scivolare verso la socialdemocrazia». Ma sul modo di affrontare la situazione, al Cremlino non c'è mai stata univocità di punti di vista. Il caso Berlinguer ha finito per alimentare una dialettica a volte anche aspra tra i conservatori, sempre più preoccupati per «l'incessante slittamento del Pci verso il socialismo democratico», e una potente «lobby italiana», convinta che alla fine alle Botteghe Oscure «sarebbe emerso un gruppo con una visione più compatibile con gli interessi sovietici». Il punto di equilibrio fra le due anime del Pcus, sempre secondo Gordievskij, fu che Mosca non avrebbe provocato una scissione finché il Pci, nonostante tutto, avesse continuato a mantenere un dialogo aperto con l'Urss. Ma, nel frattempo, il

Kgb avrebbe «cercato di identificare i probabili candidati e di sostenerli con discrezione».

Un lavorio sotterraneo a cui certo non è rimasta estranea la «quinta colonna» del Pcus. Un appunto dei servizi italiani datato 3 febbraio 1980 – e agli atti dell'inchiesta della magistratura romana – illumina il «doppio fondo» dell'apparato. Citando fonti diplomatiche sovietiche a Roma, sostiene che i suoi componenti «rispondono direttamente – sia pure in modo segreto – agli ordini dell'ambasciata russa».

L'appunto si sofferma poi sui metodi praticati da elementi della «quinta colonna». Intervengono «persino quando sospettano che nel corso di una conversazione, sia tra i dirigenti sia tra questi ed estranei, si verifichi qualcosa che a loro giudizio non è permessa. Al riguardo, si racconta di un recente episodio accaduto proprio ad Amendola il quale, mentre si intratteneva con alcuni giornalisti, sarebbe stato invitato perentoriamente a troncare il dialogo». Controllano «il servizio telefonico che arriva e parte dalla sede di via delle Botteghe Oscure e così anche il servizio postale. Fino a poco tempo fa esisteva un ufficio presso le Botteghe Oscure chiamato "Ufficio Nero", che era un vero e proprio ufficio informazioni con ramificazione in ogni città dove esisteva anche una sola sezione del Pci. L'Ufficio Nero era temuto per i suoi metodi stalinisti e coloro che vi hanno avuto a che fare sono rimasti "veramente scioccati"». Per far scattare il controllo, poteva bastare una critica o un gesto di ostilità «nei confronti dell'internazionalismo proletario». Ma le verifiche sul grado di purezza ideologica venivano fatte periodicamente anche «nei confronti dei membri del partito ritenuti fedeli (con il metodo dell'estrazione a sorte e per campionatura)».

Altre prove dell'attività antiberlingueriana del Kgb e degli altri servizi dell'Est, con la complicità della loro «quinta colonna» dentro il Pci, affiorano dai documenti di Mitrokhin. In quei dossier c'è un robusto capitolo sull'eurocomunismo. Annota l'ex archivista: «Alla fine degli anni Sessanta, la leadership del Pcus si sente oltraggiata dal fatto che la propria infallibilità venga messa in discussione da quella corrente di pensiero in seguito definita eurocomunismo». Il rafforzamento della leadership berlingueriana preoccupava Mosca e la sua «quinta colonna» italiana. Davvero illuminante, in proposito, il contenuto di un'informativa da Roma per i vertici del servizio segreto sovietico: «Il 12 dicembre 1975, durante un incontro segreto con Nikita Ryzov [ambasciatore a Roma], un informatore del Kgb della direzione del Pci accusa Berlinguer e la leadership del partito di "vile rifiuto del leninismo" e di accrescere l'ostilità verso l'Unione Sovietica. Fa pressione sul Pcus affinché critichi pubblicamente la linea del Pci. "Questa critica spaccherà sicuramente il partito, ma è il solo modo per salvare la situazione." L'informatore afferma anche che la leadership del Pci si prepara a disturbare la conferenza dei partiti comunisti europei, prevista per l'estate del 1976 a Berlino Est, sfruttando quella platea per illustrare le proprie teorie revisioniste». Secondo l'ex archivista del servizio sovietico, quell'informatore membro della direzione del Pci era Armando Cossutta, «contatto confidenziale della *residentura* del Kgb a Roma».

La pressante richiesta di intervento, inoltrata all'ambasciata, trovò immediato ascolto a Mosca e nelle altre capitali dell'Est. Scrive Mitrokhin: «Nel dicembre 1976 il leader bulgaro Todor Zhivkov, da sempre una pedina fedele al Cremlino, accusa l'eurocomunismo di essere una delle direttrici principali della sovversione ideologica dei borghesi propagandisti contro l'internazionalismo del proletariato. La popolarità di cui gode Berlinguer frena tuttavia qualsiasi attacco frontale del Cremlino».

Sopravvissuto Berlinguer all'incidente di Sofia, e divenuto problematico un «attacco frontale» contro di lui, l'onnipotente capo del servizio sovietico, Yuri Andropov, impartì un ordine perentorio a Vladimir Krjuckov, capo del primo direttorato centrale del Kgb, specializzato nelle operazioni all'estero: «Trovate il modo per screditare Berlinguer e gli altri tribuni dell'eurocomunismo». La velina preparata dal Kgb, e subito diffusa in Italia, sosteneva che «Berlinguer possiede un appezzamento di terreno in Sardegna ed è coinvolto in speculazioni edilizie del valore di decine di miliardi di lire».

Quasi contemporaneamente all'ordine di screditare Berlinguer, Mosca decise anche di cambiare le modalità di consegna degli aiuti economici al Pci. Il destinatario degli aiuti, stando alle carte di Mitrokhin, era sempre lo stesso, «il più fidato lealista sovietico nella direzione del Pci, che tiene rapporti regolari con il Kgb». Prima, un suo emissario ritirava il denaro direttamente all'ambasciata sovietica. E quando se ne andava con la valigetta, agenti del servizio segreto controllavano che nessuno lo seguisse. Da quel momento in poi, secondo le nuove regole fissate da Boris Solomatin, residente del Kgb a Roma, i trasferimenti di denaro si effettuarono sempre la domenica mattina presto, in un luogo scelto di volta in volta alla periferia della città.

Perché venne adottata una nuova procedura, che garantiva maggior segretezza alle operazioni di consegna del denaro? Il cambiamento, con ogni probabilità, coincise con la decisione di Mosca, dopo che il Pci aveva interrotto i rapporti economici con il Pcus, di dirottare gli aiuti verso la «quinta colonna» filosovietica. Una conferma sembra venire proprio da Mitrokhin, il quale annota che i soldi sono arrivati in Italia fino al 1987, «attraverso le mani di Cossutta, allo scopo di salvare un giornale filosovietico, "Paese Sera", dall'orlo del fallimento, oppure di finanziare le sue attività contro i leader del Pci». Gli ultimi tre versamenti, precisa l'ex archivista, «sono stati utilizzati esclusivamente per fornire "sostegno materiale" a ciò che la sezione internazionale del Pcus e il Kgb (anche se probabilmente non Gorbaciov) consideravano le "forze integre del Pci", tra le quali principalmente Cossutta e "Paese Sera"».

La storia del quotidiano romano e dell'incontro di Rodano e Tatò con Cossutta era spesso argomento di conversazione, anche scherzosa, tra «il più fidato lealista sovietico» e un politico appassionato di intelligence come Francesco Cossiga. Lo ha rivelato lo stesso ex presidente della Repubblica nella sua audizione di fronte alla Commissione parlamentare d'inchiesta sull'attività del Kgb in Italia, nel febbraio 2004. «Quando ci vedemmo a colazione», ha raccontato Cossiga, «Cossutta mi disse che era riuscito a fregarmi. Quando gli domandai perché, mi rispose che non avevo capito da dove arrivavano i denari a "Paese Sera". Mi raccontò che era andato da lui Tatò a nome di Rodano, dopo che Berlinguer aveva rotto con l'Unione Sovietica. E disse che, essendo andato da lui Tatò, doveva ritenere che Enrico Berlinguer ne fosse a conoscenza. Non teneva presente il fatto che Tatò aveva una fedeltà maggiore nei confronti di Franco Rodano. Cossutta mi raccontò anche che una volta andò all'ambasciata sovietica di Parigi, dove gli diedero un appuntamento e gli dissero che doveva andare a Mosca. Lo misero su un aereo per Oslo, da dove doveva andare a Leningrado: poi mi disse che una tempesta impedì loro di arrivare a Leningrado e che atterrarono a Copenaghen. Al che io lo interruppi dicendogli che si ricordava male, perché non atterrarono a Copenaghen ma a Oslo. Affermò che era giusto e mi chiese come facevo a saperlo. Risposi che lo sapevo, nonostante lui dicesse che non sapevo nulla.»

Sapevano, eccome, i servizi italiani. E anche quelli angloamericani. I comunisti erano da loro costantemente tenuti sotto controllo. E ancora di più, era monitorata la «quinta colonna». Tant'è che i dirigenti di Botteghe Oscure si rivolsero proprio a Cossiga, quand'era ministro dell'Interno, per chiedergli di aiutarli a scoprire le talpe sovietiche. Ha raccontato l'ex capo dello Stato: «Il Pci era certo di essere infiltrato dal Kgb, tanto è vero che Ugo Pecchioli fu mandato un giorno da me da Berlinguer per chiedermi che cosa potevano fare per scoprire chi fossero gli agenti del Kgb infiltrati nel Pci. Gli dissi che non gli potevo dare alcun aiuto perché, se un domani si fosse scoperto che avevamo infiltrato qualcuno degli Affari Riservati o qualcuno del Sid all'interno della direzione del Pci, sarebbe successo uno scandalo per noi e per loro. Gli dissi che dovevano guardare soprattutto alle donne delle pulizie e a coloro che pulivano le sale. Comunque, erano convinti che il Kgb aveva infiltrati nella direzione – non ne ho le prove e forse loro le avevano – perché questi sovietici talvolta erano imprudenti, in quanto, parlando con loro, dicevano cose che non potevano sapere se non dall'interno».

Quella volta, però, il ministro dell'Interno non disse la verità a Pecchioli. Perché, come egli stesso ha dichiarato diversi anni dopo, il Viminale aveva dei confidenti nella direzione del Pci. Cossiga, dunque, ha sempre saputo anche dei sospetti di Berlinguer sull'incidente di Sofia. «Non appena il Pci prese una posizione di distacco», ha riferito alla Commissione parlamentare, «si cercò di mettere in atto quelle che venivano chiamate misure attive nei confronti di Berlinguer. Enrico Berlinguer credeva che avessero tentato di ammazzarlo in Bulgaria, e lo so personalmente.» Come ne fosse venuto a conoscenza, si può intuirlo benissimo da alcuni dettagli inediti sull'episodio di Sofia, rivelati nel corso della sua audizione: «Berlinguer si rifugiò all'ambasciata italiana e disse che voleva rientrare in Italia e non voleva neanche rimanere a dormire. Quando i bulgari dissero che non c'era l'aereo, lo chiese allora al governo italiano che glielo mise a disposizione».

Sì, il leader dell'eurocomunismo si sentiva molto più sicuro da questa parte della cortina di ferro. Lo disse anche a Pansa tre anni dopo l'incidente bulgaro. Ma soprattutto lo dimostrò con la sua politica. «Si apre la terza fase della lotta per il socialismo» dichiarò aprendo la seduta del comitato centrale convocata per preparare il congresso del 1983. Dopo aver lavorato per sganciare il Pci dall'ortodossia sovietica, dopo la rottura definitiva con i regimi dell'Est consumata attraverso lo strappo, si può immaginare in che cosa dovesse consistere la «terza fase» annunciata da Berlinguer: l'approdo alla sponda occidentale. Portandosi dietro, però, la sua gente. «Portarsi dietro l'intero partito, questa era la sua costante preoccupazione» ricorda la figlia Bianca. E anche questo spiega perché aveva atteso tanto tempo prima di bruciare definitivamente i ponti tra sé e l'Urss. Nonostante che, nel 1973, a Sofia, i servizi segreti dell'Est avessero tentato di ammazzarlo.

Dieci anni dopo l'incidente, disarticolata la «quinta colonna» e stravinto il congresso del 1983, Berlinguer avrebbe potuto farcela davvero. E non solo perché aveva dalla sua quasi il 97 per cento del Pci. Era cresciuto anche nella considerazione dei leader più prestigiosi della socialdemocrazia europea, il tedesco Willy Brandt, il francese François Mitterrand e lo svedese Olof Palme. Il suo dissenso da Mosca era considerato sincero anche da una parte importante della politica e della diplomazia americane. Era diventato un punto di riferimento per numerosi movimenti e leader del Terzo Mondo, in Asia, in Africa e in America Latina. E la sua politica, infine, esercitava un forte *appeal* anche sui settori più aperti dei partiti comunisti e dell'intellighenzia dell'Est europeo. Dove, nonostante i numerosi giri di vite dei regimi, i fermenti liberali costituivano una minaccia crescente per la nomenklatura conservatrice. «Sembra di ascoltare l'ultimo Gorbaciov»: analizzando gli interventi pronunciati dopo lo strappo, lo storico inglese Donald Sassoon paragonò il segretario del Pci al leader sovietico che qualche anno più tardi decretò la fine del comunismo.

Una definitiva e pubblica scelta di campo di Berlinguer a favore delle democrazie occidentali non sarebbe stata certo priva di conseguenze anche, e soprattutto, nei decrepiti regimi comunisti. Se il leader italiano avesse avuto il tempo di dispiegare per intero la sua politica. Se la morte non lo avesse colto proprio mentre si apprestava a compiere l'ultimo passo.

Il giorno del suo funerale, a Roma, in mezzo a una folla di quasi due milioni di persone, c'era anche Armando Cossutta. «Prima di rendere pubblico il mio dissenso sullo strappo, ebbi un lungo colloquio con lui» disse di fronte alla macchina da presa di Ettore Scola, autore con altri registi di un documentario su quella indimenticabile giornata. «Cercò di dimostrarmi che sbagliavo. Alla fine mi disse: guarda che io volevo solo discuterne con te. Fa' come ti detta la tua coscienza. Ci pensai quarantotto ore. Poi, secondo la mia coscienza, decisi di rendere pubblico il mio dissenso. Forse sono stato un po' cocciuto. Ma anche Enrico lo era.»

Lo era, Berlinguer, eccome. La sua testardaggine gli aveva procurato parecchi nemici, oltrecortina. Ma era servita anche ad aprire delle brecce. Fra le tante personalità giunte dall'estero, quel giorno, c'era anche un dirigente di seconda linea del Pcus. Scola lo intervistò sul balcone delle Botteghe Oscure, mentre in strada scorreva un interminabile fiume umano. Parlando di Berlinguer, pronunciò due parole prima mai udite insieme, collegate l'una all'altra, da un comunista sovietico: «socialismo» e «democrazia». Poi, alla domanda del regista se le idee di Berlinguer avessero influenzato anche il Pcus, rispose senza esitazioni: «Sì, il dialogo ha influenzato entrambi i partiti». Quel dirigente rispondeva al nome di Mikhail Gorbaciov. Meno di un anno dopo, nel marzo 1985, sarebbe diventato il nuovo capo del Pcus. Il leader della perestrojka.

Biografia e cronologia ragionata di Enrico Berlinguer

25 maggio 1922 – La nascita

Enrico Berlinguer nasce a Sassari alle tre di mattina nella casa paterna di viale Dante, in un appartamento al secondo piano di una palazzina moderna, allora alla periferia della città. Il padre è Mario, avvocato e uomo politico, la madre Maria («Mariuccia») Lòriga, è figlia del professor Giovanni, un personaggio di rilievo nella storia della medicina italiana. Quella del futuro segretario del Pci è una famiglia agiata della borghesia cittadina, di origine catalana, i Berenguer (o Berlenguer), commercianti stabilitisi in Sardegna all'epoca della dominazione aragonese, nella seconda metà del Cinquecento. Una famiglia aristocratica, laica, da sempre repubblicana e radicale, in seguito antigiolittiana e poi antifascista, legata da una rete di parentele alla locale borghesia blasonata dei Siglienti, dei Segni, dei Delitala, dei Satta-Branca, dei Cossiga. Il futuro presidente della Repubblica, Francesco, è cugino di Enrico (le nonne erano sorelle) ed entrambi sono parenti di Antonio Segni, altro capo di Stato.

Gli avi

Il suo antenato Giovanni, avvocato e proprietario terriero, ottiene il 29 marzo 1777 dal re di Sardegna Vittorio Amedeo III, come risulta dal «Libro d'Oro della Nobiltà Mediterranea», il Privilegio di Cavalierato per sé e per i propri discendenti maschi e il Privilegio di Nobiltà con trattamento di «don» e «donna» per tutti i discendenti, con l'uso di uno stemma gentilizio rappresentato da uno scudo con campo azzurro seminato di stelle d'argento, un braccio d'armatura di ferro impugnante un ramo d'olivo verde, sul bordo alto destro un sole d'oro e un elmo bordato d'argento. I titoli gli vengono riconosciuti perché è il primo sardo ad applicare metodi di agricoltura industriale di tipo piemontese nella sua tenuta di Sorso, dopo avere importato da Nizza una modernissima macchina-frantoio per spremere le olive. Enrico è pertanto cavaliere e nobile con il titolo di «don», fatto che ha sempre cercato accuratamente di celare. Un altro avo, don Antonio, bisavolo di Enrico, è militare di carriera, capitano della Guardia Sarda e combatte nelle guerre di Indipendenza di metà Ottocento. Altro militare di carriera è l'avo don Gerolamo, capitano dei Cavalleggeri di Sardegna, che si dedica alla lotta contro il banditismo e, nel 1836, riceve una medaglia d'oro per aver catturato il famoso latitante e omicida Battista Canu.

I nonni

Il suo omonimo nonno Enrico, avvocato, è uno dei personaggi più in vista della Sassari di fine Ottocento. Nato nel

1851, a poco più di vent'anni fonda il movimento repubblicano La Giovane Sardegna e pubblica un giornale con lo stesso nome. Ne manda una copia a Giuseppe Garibaldi, che lo ringrazia con una lettera di elogi. Più tardi crea il gruppo dei radicali sassaresi di ispirazione mazziniana e, nell'agosto 1891, fonda il progressista e battagliero giornale «La Nuova Sardegna». Appassionato di pesca, come poi il nipote Enrico, inaugura l'era delle vacanze marine a Stintino, un villaggio di pescatori dove a quei tempi si arriva solo con la barca, più tardi di moda tra le grandi famiglie borghesi di Sassari che là costruiscono le loro case di villeggiatura. Il nonno per via materna, il medico professor Lòriga, repubblicano con simpatie socialiste, insegna all'Università di Roma una nuova disciplina, l'igiene del lavoro, e nel 1906 crea la Scuola medica del Lavoro, la prima pietra della futura Medicina del Lavoro.

I genitori

Il padre Mario, nato a Sassari il 29 agosto 1891, aderisce sin da giovanissimo ai gruppi repubblicani della città e collabora, con commenti politici e scritti letterari, al quotidiano «La Nuova Sardegna» fondato dal padre. Dopo la laurea in giurisprudenza del 1913, esercita la professione di avvocato penalista. Tra i fondatori dell'Unione Democratica Nazionale di Giovanni Amendola, viene eletto deputato liberaldemocratico nel 1924 nel gruppo di opposizione costituzionale. Dopo l'uccisione di Giacomo Matteotti passa all'Aventino e, negli anni Trenta, torna alla professione di avvocato. Nel 1943 riprende l'attività politica con la fondazione del giornale clandestino «Avanti Sardegna!», milita poi nel Partito d'Azione e nel 1944 viene nominato dal governo Badoglio di Salerno Alto commissario per la punizione dei crimini fascisti. Passato nel Partito socialista italiano, nel 1948 viene eletto senatore e poi deputato per tre legislature, sino al 1968. Muore a Roma il 6 luglio 1969, cinque mesi dopo che il figlio Enrico era stato eletto vicesegretario del Pci e successore in pectore di Luigi Longo. La madre Mariuccia era compagna e amica della zia Lydia, sorella del padre Mario. Molto bella, con un volto da attrice di cinema. Tra tanti corteggiatori, tra i quali anche Antonio Segni, il prescelto è l'avvocato Mario. Si sposano il 30 giugno 1921 nella chiesa parrocchiale di San Giuseppe, a Sassari. L'anno seguente nasce Enrico, due anni più tardi il secondo figlio Giovanni. Nel 1926 Mariuccia viene colpita da una malattia terribile, l'encefalite letargica, il cui ultimo stadio è il morbo di Parkinson. Dopo anni di progressiva apatia, non comunica più, sragiona e soffre di paralisi. Muore il 15 giugno 1936, a quarantadue anni.

Giugno 1940 – Gli studi

Enrico Berlinguer consegue la maturità classica al liceo Domenico Alberto Azuni, lo stesso in cui studiarono Antonio Segni e – a Sassari per via del padre economo contabile nell'altro liceo cittadino, il Convitto Nazionale Canopoleno – il futuro capo del Pci, Palmiro Togliatti. Si diploma senza esami perché, a causa della guerra, il governo li ha sospesi. I voti finali, comunque, sono 8 in storia e filosofia, le sue materie preferite, 7 in storia dell'arte e stentate sufficienze nelle altre materie, specie quelle scientifiche. E alterno è sempre stato il suo rendimento scolastico in tutti gli anni del ginnasio e del liceo, un po' per la sua passione per i giochi all'aperto (atletica e pallone) e per le ore passate al Bar *Secchi* a giocare a biliardo o a carte (tressette e poker), un po' perché agli studi preferisce la lettura dei libri della fornitissima biblioteca del nonno Enrico: filosofi greci, Kant, testi anarchici, il *Manifesto* di Marx. Il 5 novembre 1940 si iscrive all'Università di Sassari, facoltà di Giurisprudenza. Si appassiona, la vita disordinata è ormai alle spalle, diventa un ottimo studente: 30 in diritto romano, 30 in diritto finanziario e diritto italiano, 30 con lode in diritto penale e così via. Il 5 luglio 1943 scrive al cugino Sergio Siglienti: «Sto per mettermi a fare la tesi, che richiederà la lettura di un centinaio di volumi. L'argomento sarà: filosofia e filosofia del diritto da Hegel a Croce e a Gentile».

Agosto 1943 – L'iscrizione al Partito comunista italiano

Dopo un paio di mesi di riunioni semiclandestine con i comunisti sassaresi, nemmeno trenta in tutto, nella stalla della tenuta agricola con serra e vivaio di Renato Bianchi, in contrada San Pietro, poco fuori città, Berlinguer si iscrive al Pci. Riceve l'incarico di formare un gruppo giovanile. In breve crea la Gioventù Comunista, che si riunisce nel panificio del padre di uno dei primi iscritti, lo studente liceale Lucio Mùndula. Vi aderiscono muratori, fabbri, manovali, fornai, operai e diversi studenti. In breve sono una quarantina, in pochi mesi superano il centinaio. Nella riunione inaugurale del 25 novembre 1943 Berlinguer deve spiegare il programma comunista. Ma, come se il fascismo non fosse caduto ormai da oltre tre mesi, irrompe la polizia che chiede le generalità di tutti, confisca le chiavi del circolo, sequestra l'elenco degli iscritti e i documenti e spedisce tutti a casa. Berlinguer reagisce con furore con una lettera di protesta in inglese alla Commissione militare alleata per la Sardegna e due settimane più tardi espone ai suoi iscritti, nella nuova sede di vicolo San Sisto, il programma comunista e legge due capitoli della Costituzione sovietica del 1936.

17 gennaio 1944 – L'arresto

Viene arrestato, come molti altri suoi compagni, e portato nella caserma intitolata al suo avo don Gerolamo. L'accusa: essere stato «l'istigatore e il maggior responsabile» dei disordini di qualche giorno prima, quando la folla affamata aveva prima depredato 80 chili di pane a due commessi di un panificio e poi assalito forni, magazzini alimentari e frantoi. Scrive di lui il questore Dino Fabris: «Approfittando del generale disagio economico, volle promuovere moti di piazza allo scopo di dimostrare la forza del partito, di eccitare disordini, di far compiere violenze, sabotaggi e vandalismi». Nel carcere di San Sebastiano ci sta cento giorni. Enrico e i compagni vengono prosciolti dopo una estenuante istruttoria e liberati domenica 23 aprile 1944. Il giorno stesso, nella sede del partito di vicolo San Sisto, il ventiduenne Berlinguer, temendo cedimenti di alcuni compagni, sollecita un esame del comportamento durante gli interrogatori e la detenzione di tutti i comunisti imputati.

23 giugno 1944 – Primo incontro con Togliatti

Raggiunge il padre Mario, Alto commissario per l'epurazione, a Salerno, dove ha sede il nuovo governo di unità nazionale presieduto da Ivanoe Bonomi. Tra i ministri i leader della Dc e del Pci Alcide De Gasperi e Palmiro Togliatti. Lo zio Stefano Siglienti, meno di tre mesi prima in carcere a Regina Coeli nel braccio tedesco, è ministro delle Finanze. Enrico vuole incontrare Togliatti, che il padre conosce molto bene sin dai tempi del liceo Azuni di Sassari. L'avvocato lo accontenta. Lo fa con una certa amarezza, non tanto per la militanza del figlio nel Pci, ma per la sua decisione di dedicarsi soltanto alla politica e di rinunciare alla professione di avvocato nel fiorente studio legale di famiglia. Insieme, con una Fiat Millecento dell'esercito senza portiere, vanno alla sede del Consiglio dei ministri, nel palazzo del municipio. L'incontro con Togliatti è breve, Enrico è un po' impacciato, ma il segretario del Pci progetta di irrobustire il partito con giovani di importanti famiglie liberali e antifasciste. Il ventiduenne Berlinguer, figlio dell'ex deputato amendoliano e nipote del ministro Siglienti, rientra subito nei suoi piani.

Settembre 1944 – Trasferimento a Roma

Con il fratello Giovanni lascia la Sardegna e si trasferisce a Roma, dove il padre ha il lavoro stabile di pubblico ministero nei processi contro i crimini fascisti. I tre, con la governante, vanno ad abitare dai Siglienti nel quartiere Prati, accampati in dieci in quattro stanze con le lenzuola appese come tende divisorie. Due mesi più tardi si presenta nella sede del Pci di via Nazionale 243, un grande appartamento con refettorio al terzo piano di un palazzo borghese, al dirigente del movimento giovanile Giulio Spallone e mostra un biglietto scritto a mano: «Questo è il compagno Berlinguer, viene dalla Sardegna. Utilizzatelo nella vostra organizzazione». Ricorderà Spallone: «Arrivò un giovane sardo e, quasi senza una parola di spiegazione, mi mise in mano un biglietto. Appena vidi la firma di Ercoli [pseudonimo di Togliatti] mi raddrizzai sulla sedia». Nel novembre 1944 diventa così funzionario del Pci con uno stipendio fisso di 400 lire al mese, sufficienti per un pasto al giorno nel refettorio e poco altro. Nel partito è instancabile, lavora dalla mattina alla sera, riunioni collegiali, dibattiti, incontri con i dirigenti dei circoli giovanili dell'Italia liberata con duri ammonimenti a non farsi tentare dalle posizioni estremistiche dell'insurrezione armata. Comincia a scrivere per «Gioventù Nuova», il giornale redatto dal futuro regista Carlo Lizzani. Che dirà: «Era un vero uomo politico, mentre io non lo ero, pieno com'ero di fantasie dispersive. Lui non ne aveva affatto, procedeva in un'unica direzione e con un solo scopo nella testa».

Giugno 1945 – Inviato a Milano

Per la fiducia conquistata grazie al suo lavoro con i giovani a Roma e alla capacità di dialogare e convincere, viene mandato a Milano a collaborare con i dirigenti del Nord Luigi Longo e Giancarlo Pajetta. Dorme, con altri funzionari, in uno stanzone gelido, senza riscaldamento, della direzione comunista per l'Alta Italia, in un vecchio palazzo di via dei Filodrammatici, dietro il Teatro alla Scala. La città è disgregata, distrutta dalla guerra, in preda al disordine, con gruppi di partigiani armati che si abbandonano a rese dei conti sommarie contro gli ex capi fascisti e con una forte presenza di militanti comunisti contrari al governo di unità nazionale di Roma e pronti alla rivolta. Il suo lavoro è con il Fronte della Gioventù, un'organizzazione che, nata come esperienza comune tra giovani democristiani, liberali, socialisti e comunisti, rimane a poco a poco solo nelle mani degli ultimi a causa del clima di guerra fredda tra Stati Uniti e Unione Sovietica, dello scontro tra i blocchi e delle crescenti e incolmabili divergenze ideologiche. Un lavoro difficile, oscuro, da tessitore tra le diverse posizioni politiche, ma che lo rafforza ancor più nel partito. Nel gennaio 1946, al termine del V Congresso del Pci svoltosi nell'aula magna dell'Università di Roma, il primo dopo vent'anni di clandestinità, entra nel comitato centrale del partito. Ha ventitré anni, è il più giovane di tutti. E al ritorno definitivo a Roma, nel settembre 1946, viene nominato segretario nazionale del Fronte della Gioventù.

23 maggio 1947 – La lode di Togliatti

Alla prima Conferenza nazionale giovanile del Pci, il segretario Togliatti dice dal palco: «Un progresso vi è senza dubbio nella formazione dei quadri giovanili. Faccio in proposito soltanto il nome del compagno Enrico Berlinguer, che nel rapporto introduttivo ai lavori di questa riunione ha dato prova di una maturità politica che ritengo non sia soltanto dote sua personale ma riflesso della maturità di un movimento in sviluppo». All'elogio segue il suo ingresso, come rappresentante dei giovani, nella direzione del partito. A venticinque anni è già tra i ventuno dirigenti ai vertici del Pci. Il che farà più tardi dire un po' maliziosamente a Giancarlo Pajetta: «Enrico si iscrisse giovanissimo alla direzione del Pci».

31 marzo 1949 – Alla guida dei giovani comunisti

In pieno scontro parlamentare con la Dc di De Gasperi e dopo la durissima opposizione del Pci all'adesione dell'Italia al Patto Atlantico, il comitato centrale del partito decide che il Fronte della Gioventù, attivo ai tempi dell'unità antifascista e del dialogo, non ha più senso e fa rinascere la Fgci, la Federazione Giovanile Comunista Italiana. Berlinguer ne viene nominato segretario nazionale e, con un lavoro assiduo e capillare, in pochi mesi fa raddoppiare il numero degli iscritti, da 150.000 a 300.000. Saranno poi 400.000 sino a raggiungere i 469.000 alla fine del 1950, sparsi in 8.800 sezioni in tutta Italia. La punta massima. Ma con il tempo la linea, che ricalca esattamente quella del Pci, della fedeltà assoluta a Mosca e dell'esaltazione dei valori sovietici, non paga. Il numero degli iscritti ristagna e poi addirittura cala. Dopo anni di crisi e lotte interne, nel settembre 1956 Berlinguer lascia con dolore la guida dei giovani comunisti e a dicembre, dopo l'VIII Congresso del Pci, non viene confermato in direzione. Ottiene l'incarico secondario di direttore della scuola del partito alle Frattocchie e, nel settembre 1957, dopo una cocente sconfitta elettorale del Pci alle elezioni regionali, l'incarico di segretario del partito in Sardegna.

26 settembre 1957 – Sposa Letizia Laurenti

Si sposa con rito laico in Campidoglio, lui in blu, lei, amica della cugina Lina Siglienti, in grigio chiaro. Testimoni di famiglia, il fratello Giovanni e la seconda moglie del padre, Corinna (Niki) Fidelia, solo i parenti stretti alla cerimonia, ricevimento in un club sopra il Teatro Eliseo, in via Nazionale, e poi in luna di miele, per così dire, a Cagliari, dove Enrico è fresco segretario regionale del Pci e dove la coppia ha affittato due stanze parzialmente ammobiliate in un grattacielo tra le ferrovie e il porto, all'inizio di viale Bonaria. Avranno quattro figli, Bianca, Maria, Marco e Laura.

Luglio 1958 – L'ascesa

Richiamato a Roma da Togliatti, entra a far parte della segreteria nazionale del partito con un incarico nell'importante ufficio che coordina le varie sezioni di lavoro di propaganda, organizzazione e cultura, il cui responsabile è il vicesegretario Luigi Longo, con il quale, come con il segretario Togliatti, ha da quel momento un rapporto quotidiano. Di lui vengono apprezzate la precisione, la perseveranza, la discrezione, la prudenza. Un esempio: sul XX Congresso del Pcus nel quale Nikita Krusciov demolisce Stalin e sull'invasione dell'Ungheria del 1956 Berlinguer, a differenza di altri dirigenti del partito, sino a quel momento non esprime pubblicamente opinioni. Scrive di lui l'amico Ugo Baduel: «La sua caratteristica è quella di trattare i problemi del partito sempre e solo nelle sedi a ciò deputate ed evitare ogni genere di confusione tra rapporti privati e di lavoro».

4 febbraio 1960 – Responsabile dell'organizzazione del Pci

Al IX Congresso del Pci sostituisce Giorgio Amendola alla direzione dell'ufficio organizzazione del partito. Lo hanno scelto Togliatti e Longo per la sua capacità di mediare in un momento in cui per la prima volta apertamente vengono alla luce nel Pci spinte centrifughe «riformiste» rispetto alla linea della segreteria – Amendola da un parte e Pietro Ingrao dall'altra – e per la sua abilità nel ricomporre fratture e trovare punti di equilibrio che salvaguardino l'identità comunista. Esce dalla segreteria e torna, dopo tre anni, nella direzione.

20 dicembre 1961 – Prima critica a Mosca

Nel pieno del travagliato dibattito sullo stalinismo innescato da Krusciov e con un Togliatti messo sotto forte pressione nel partito è relatore, nel comitato centrale, di un discorso di due ore con il quale difende un rinnovamento «continuista» del Pci, una linea togliattiana di centro intermedia tra quelle socialdemocratica di Amendola e radicale di Ingrao e si dice fautore della democrazia interna nel partito. Nello stesso discorso rivendica l'autonomia del Pci dal Pcus di Mosca, anche se riafferma che le lotte dei movimenti operai occidentali hanno il loro primo fondamento nella rivoluzione sovietica. Scrive sull'«Espresso» Antonio Gambino: «Il protagonista dell'ultimo comitato centrale del Pci è un giovane piccolo, nervoso, con i capelli corti sempre in disordine. Questo giovane è Enrico Berlinguer che ha dominato l'intero svolgimento dell'assemblea. Togliatti aveva bisogno di presentarsi al partito con un programma che tenesse conto delle esigenze di rinnovamento, ma inquadrandole in un insieme capace di renderle controllabili e non pericolose. La relazione letta da Berlinguer adempie ottimamente a questa funzione».

8 dicembre 1962 – Il Memoriale di Yalta

Con il X Congresso del Pci Berlinguer rafforza ulteriormente la sua posizione nella dirigenza del partito. Ne esce membro della direzione e contemporaneamente della segreteria ma, quel che più conta, viene nominato, subentrando a Longo, responsabile dell'ufficio di segreteria, di fatto il diretto esecutore di tutte le risoluzioni del partito e insieme il più stretto collaboratore di Togliatti. Assume, anche, lo strategico incarico di capo dell'ufficio delle relazioni estere. Per via degli ultimi due ruoli, nell'agosto 1964 riceve da Yalta, direttamente da Longo, il memoriale di Togliatti, in Unione Sovietica per cure, che là morirà il 21 agosto, otto giorni dopo un collasso per emorragia cerebrale. Nel testo, trascritto a macchina dalla sua compagna Nilde Iotti, sono evidenziati tre punti di divergenza con il

Pcus: sulla rottura con i comunisti cinesi voluta da Mosca, sull'apertura ai cattolici in politica interna invisa al Pcus e sulla mancanza delle libertà democratiche e personali nei Paesi dell'Est. Nel partito, Berlinguer, con Longo, Amendola e Ingrao, è favorevole alla pubblicazione del documento, fortemente osteggiata dai sovietici. I quattro leader vincono la resistenza interna nel Pci e alla fine il «testamento politico» di Togliatti viene reso noto. «Quel documento», ha scritto Emanuele Macaluso, «apre una strada nuova su cui potranno camminare, con un retroterra più sicuro, Longo e Berlinguer.»

27 ottobre 1964 – Primo scontro con Mosca

Parte per Mosca a capo di una delegazione del Pci per ottenere chiarimenti sulla destituzione di Krusciov, annunziata due settimane prima con un secco comunicato di due righe dall'agenzia moscovita Tass. Per i sovietici ci sono il duro ideologo Mikhail Suslov, il potente Nikolai Podgornij e il tenace capo della sezione esteri Boris Ponomariov. Per gli italiani Paolo Bufalini ed Emilio Sereni. Berlinguer parla per primo e illustra agli sbalorditi dirigenti del Pcus le perplessità del Pci sui metodi e le posizioni del Pcus, in particolare sul modo con il quale è stato destituito Krusciov. Insiste sulla parità tra partiti comunisti e avanza dubbi sul cosiddetto «centralismo democratico». Bufalini lo ricorda «calmo, martellante, implacabile». I sovietici sono infuriati. Podgornij: «Questo metodo di ingerirsi negli affari di un altro partito è inammissibile». Suslov: «Da qualche tempo, in tema di democrazia, indirizzate i vostri strali non contro il nemico, ma contro il Pcus». Ponomariov attacca sul Memoriale di Yalta: «Non dovevate pubblicarlo senza consultarci». Al ritorno a Fiumicino Berlinguer legge ai giornalisti un appunto scritto: «Nel corso delle conversazioni abbiamo ampiamente informato i compagni sovietici delle preoccupazioni che ha suscitato nell'opinione pubblica del nostro Paese la sostituzione del compagno Krusciov. Con grande franchezza abbiamo inoltre esposto le nostre preoccupazioni e riserve sul modo con cui i mutamenti sono stati annunciati e presentati».

19 maggio 1968 – Parlamentare alla Camera e vicesegretario del Pci

In un clima di scandali – l'affare Sifar in testa –, di crisi economica e di tensioni politiche, si va alle elezioni nazionali che segnano il bilancio di cinque anni di centrosinistra e dell'unificazione Psi-Psdi. Berlinguer viene candidato dalla direzione del Pci capolista per il Lazio. Per la storia, resterà a verbale il suo unico voto contrario. È riluttante, un po' perché a Montecitorio già sono presenti il padre Mario e il cugino Luigi, il che gli pare abbastanza, ma più che altro perché preferisce il lavoro di partito a quello parlamentare. Ma si presenta e ottiene un successo personale straordinario: 151.134 preferenze, ben più di Longo a Milano, di Pajetta a Torino, di Ingrao in Umbria, di Amendola a Napoli. È questa anche una importante affermazione politico-strategica del Pci di Longo, perché gli elettori bocciano il centrosinistra, meno quattro punti, e l'unificazione socialista, meno 5,4. Il 15 febbraio seguente, al termine del Congresso di Bologna, verrà eletto vicesegretario del partito. Con il segretario Longo, sessantotto anni, parzialmente infermo per un ictus cerebrale, si porrà già di fatto come il suo successore in pectore.

11 novembre 1968 – Secondo scontro con Mosca

Dopo l'invasione militare sovietica della Cecoslovacchia del 20 agosto 1968 e le immediate dure prese di posizione contrarie del Pci (fra tutte un documento della direzione che recita testuale: «Il partito ribadisce il suo grave dissenso e la sua riprovazione»), il vicesegretario Berlinguer viene invitato a Mosca, ufficialmente per discutere della futura Conferenza mondiale dei partiti comunisti. I sovietici propongono un documento che augura ad Alexander Dubcek, il leader del Paese invaso dai carri armati di Mosca, di realizzare il rafforzamento del socialismo in Cecoslovacchia. Un trucco meschino e un po' farsesco. Berlinguer, appoggiato dall'intera delegazione italiana del Pci, si rifiuta di firmare un simile documento che considera, anche se la parola non la pronuncia mai, un ultimatum a chi è già oppresso, non proprio un augurio da pari a pari. Per giorni, nella lussuosa dacia riservata agli italiani in un parco di betulle con vista sulla Moscova, viene circuito dal delegato Andrej Kirilenko: cene, estenuanti partite a biliardo, brindisi e, in mezzo, le continue richieste di apporre la firma. Berlinguer è irremovibile, sorride, si mostra gentile, ma no, il documento non lo firmerà mai. Il pomeriggio del 15 novembre, sull'aereo in partenza per Roma all'aeroporto di Mosca, il potente delegato del Cremlino Ponomariov, dopo i baci e gli abbracci, fa un ultimo tentativo: «Ma davvero non volete augurare a Dubcek che il socialismo avanzi nel suo Paese?». Ricorda Carlo Galluzzi, uno dei delegati italiani: «Di fronte al nostro ennesimo rifiuto, Ponomariov scese sconfortato. Restò immobile sulla pista guardando, senza salutarci, il Dc-9 dell'Alitalia che si allontanava».

11 giugno 1969 – Il primo strappo con Mosca

La Conferenza internazionale dei partiti comunisti si apre all'insegna della defezione di molti Paesi socialisti – Cina, Vietnam e Jugoslavia in testa – e del contrasto ormai incolmabile tra le posizioni del Pcus e del Pci. I segnali sono chiari. Il 6 marzo, a Budapest, in una riunione preparatoria, Ponomariov aveva attaccato duramente il delegato italiano Giuseppe Boffa per i suoi articoli «poco costruttivi» sulla Cecoslovacchia ed era rimasto allibito di fronte alla dura replica di Boffa. Il 23 maggio, a Mosca, alla riunione preparatoria conclusiva, Suslov e Ponomariov appaiono amareggiati, giudicano incomprensibili i disaccordi tra i due partiti e di fronte al muro della delegazione italiana si aggrappano solo a un ripensamento alla Conferenza. Non accade. Nello splendido e imponente salone dell'Ordine di San Giorgio, al Cremlino, Berlinguer scandisce con calma le parole del più duro discorso mai pronunciato a Mosca da un dirigente straniero. Affronta tutti i temi spinosi. Sulla linea italiana verso il socialismo: «Noi respingiamo il concetto che possa esservi un modello di società socialista unico e valido per tutte le situazioni. Pensiamo a un sistema politico pluralistico e democratico». Sulla crisi tra i Paesi socialisti:

«Tentare di spiegare ogni divergenza con "deviazioni" da una purezza dottrinale di cui non si sa bene chi dovrebbe essere il depositario significa in realtà non solo esasperare le divergenze stesse, ma precludersi la strada a comprendere le ragioni oggettive che sono alla loro origine». Sui rapporti tra i partiti comunisti: «Non può esserci un centro dirigente, un partito-guida, uno Stato-guida. Da qui la nostra solidarietà al nuovo corso cecoslovacco e il grave dissenso nei confronti dell'ingresso a Praga delle truppe del Patto di Varsavia». Sul ruolo dei partiti comunisti europei: «Dobbiamo promuovere ogni possibile intesa, anche parzialmente, con altre forze democratiche, con forze socialiste, socialdemocratiche e cattoliche». Sul documento della Conferenza: «Abbiamo seri dubbi sul carattere scientifico di vari aspetti dell'analisi svolta nel progetto di documento. Lo stile del documento, più esortativo e propagandistico che analitico, sottovaluta le difficoltà, gli insuccessi, le rotture nel campo socialista e nel movimento operaio e non ne esamina le cause». La risonanza del discorso nel mondo è enorme. «Le Monde» scrive: «Un seme, senza dubbio, oggi è stato gettato». Ma i sovietici non ci stanno. Perlomeno, chiedono l'adesione al documento finale. Il capo del governo Aleksej Kossighin suggerisce a Berlinguer: «Fai come faccio io. Firma il documento con riserva e poi esponi in un allegato le tue vere idee». Berlinguer risponde di petto: «Questo può valere per la diplomazia degli Stati, noi abbiamo il dovere della sincerità. Eppoi, io so bene che quel che interessa a voi è di farci riprendere dalla televisione mentre apponiamo la firma. La gente vede quella scena e tutto il resto non ha importanza». I sovietici insistono. Pretendono una conferma della direzione del Pci e del segretario Longo sui dissensi. Dopo un rapido viaggio a Roma di Cossutta, Berlinguer espone i risultati della missione. Lo fa nella sala di San Vladimiro del Cremlino nella quale, con sua grande sorpresa, trova schierati i potenti dell'Unione Sovietica: Breznev, Kirilenko, Podgornij, Kossighin, Suslov, Ponomariov. Ci sono proprio tutti, e a loro Berlinguer comunica che la direzione conferma i suoi punti di dissenso e che il Pci firmerà solo il terzo paragrafo del documento finale della Conferenza. Il gelo tra i sovietici è rotto dall'abile Breznev. Che dice: «Il Pci è un grande partito e sa quello che fa. Quando dice di sì è sì, quando dice di no è no. Le cose che ci uniscono sono comunque superiori a quelle che ci dividono». Breznev ha un obiettivo: che il voto di dissenso del Pci non sia espresso in seduta pubblica, ma solo in un documento scritto. Berlinguer accetta, ma ormai un primo «strappo» con il Pcus è compiuto. E tutti i capi del Cremlino lo hanno toccato con mano e hanno capito che il sardo Berlinguer non cederà mai.

16 marzo 1972 – Segretario del Pci

Al Palalido di Milano si svolge il XIII Congresso nazionale del Pci. Per l'Italia è quella una primavera drammatica: profonda crisi economica, fallimento del centrosinistra e netta svolta a destra della Dc, esplosione dei movimenti di estrema destra e sinistra, una catena di attentati e omicidi politici che fanno parlare di complotto reazionario, favorito anche da centrali estere. Il tema del congresso è una svolta democratica che possa contrastare una svolta autoritaria. Come? Con una maggioranza e un governo che comprendano il Partito comunista. Berlinguer è chiarissimo: «In un Paese come l'Italia, una prospettiva nuova può essere realizzata solo con la collaborazione tra le grandi correnti popolari comunista, socialista e cattolica». Dopo quattro giorni di dibattiti viene eletto, per acclamazione, segretario del partito. Il 7 maggio affronta le prime elezioni politiche da leader del Pci. Pur assediato a sinistra dai marxisti-leninisti e dal *manifesto,* il partito tiene, passa anzi dal 26,9 al 27,2 per cento. Berlinguer, capolista a Roma, viene rieletto deputato con 230.000 preferenze, 80.000 in più del 1968. Cinque mesi più tardi ha la prima percezione che le sue tesi sul socialismo pluralista e democratico così invise a Mosca hanno creato una piccola breccia anche in campo sovietico. Al Festival nazionale dell'Unità di Torino, un dirigente periferico di secondo piano della delegazione del Pcus, segretario del distretto di Stavropol, vuole parlargli a quattr'occhi. Si chiama Mikhail Gorbaciov, tredici anni più tardi sarà il riformatore dello Stato sovietico. I due, una sera, fanno una lunga chiacchierata a un tavolo del festival, tra ragù, salsicce e musica. Il russo è colpito dalle coraggiose analisi sul socialismo dell'italiano che, a sua volta, mostra molto interesse per quel giovane funzionario, nove anni di meno, che parla di politica senza il peso dottrinario della vecchia classe dirigente sovietica.

Settembre-ottobre 1973 – Il compromesso storico

Dopo il colpo di Stato in Cile dell'11 settembre, che porta alla caduta e alla morte del presidente socialista Salvador Allende e alla dittatura del generale Augusto Pinochet, esce su «Rinascita» il primo di tre articoli di analisi a firma Enrico Berlinguer, dal titolo «Riflessioni sull'Italia dopo i fatti del Cile», nei quali affronta i temi dello scontro tra blocchi, del ruolo degli Usa, della Cia e della Itt, la multinazionale sospettata di aver avuto un peso decisivo nel golpe. La seconda parte esce il 5 ottobre e tratta della tradizione comunista di lotta contro gli estremismi. I due saggi passano pressoché inosservati. Ma il terzo, finito di elaborare con appunti scritti su piccoli fogli dopo il viaggio in Bulgaria iniziato il 30 settembre, ha grande eco e segnerà un'epoca. Esce su «Rinascita» il 12 ottobre. La frase di chiusura spiega bene il suo obiettivo di passare da una «alternativa di sinistra» a una «alternativa democratica»: «La gravità dei problemi del Paese, le minacce sempre incombenti di avventure reazionarie e la necessità di aprire finalmente alla nazione una sicura via di sviluppo economico, di rinnovamento sociale e di progresso democratico, rendono sempre più urgente e maturo che si giunga a quello che può essere definito il nuovo grande "compromesso storico" tra le forze che raccolgono e rappresentano la grande maggioranza del popolo italiano». È l'esplicita teorizzazione del compromesso storico, nuovo perché segue quello che unì i partiti antifascisti italiani negli anni Quaranta.

3 ottobre 1973 – L'«incidente» di Sofia

La Chaika sulla quale viaggia Berlinguer di ritorno da burrascosi colloqui con il leader comunista bulgaro Todor Zhivkov viene centrata in pieno da un camion carico di pietre sopra un cavalcavia sulla strada per l'aeroporto di Sofia. L'interprete del segretario del Pci muore sul colpo. Due dirigenti bulgari subiscono gravi ferite. Berlinguer perde una scarpa e per un colpo alla testa ha una leggera commozione cerebrale. L'auto è bloccata da un palo sull'orlo del cavalcavia. Incidente? Attentato dei servizi bulgari su ordine del Kgb? È l'argomento di questo libro-inchiesta, con indizi, fatti e testimonianze che rendono molto verosimile se non certa la tesi dell'attentato. Al ritorno a Roma, il segretario del Pci confida i suoi sospetti solo alla moglie Letizia e all'amico Emanuele Macaluso. «Ma non parliamone più» invita.

27 febbraio 1976 – Il socialismo all'italiana

Il suo discorso al XXV Congresso del Pcus, a Mosca, davanti ai personaggi più eminenti del comunismo mondiale, fa scalpore. Con ancora maggiore chiarezza e incisività che in passato teorizza la via italiana al socialismo. Dice: «Noi ci battiamo per una società socialista che sia il momento più alto dello sviluppo di tutte le conquiste democratiche e garantisca il rispetto di tutte le libertà individuali e collettive, delle libertà della religione, della cultura, dell'arte e delle scienze. Pensiamo che in Italia si possa e si debba non solo avanzare verso il socialismo ma anche costruire la società socialista con il contributo di forze politiche, di organizzazioni, di partiti diversi e che la classe operaia possa e debba affermare la sua funzione storica in un sistema pluralistico e democratico». Un brusio di sdegno fa eco a queste parole «eretiche». Ma il «New York Times» titola in prima pagina su cinque colonne: «Il "rosso" italiano assume una linea indipendente». L'inglese

«The Guardian»: «La rivolta italiana scuote il congresso del Cremlino». E il francese «Le Figaro»: «Partiti comunisti: ortodossi e scismatici faccia a faccia».

15 giugno 1976 – A favore della Nato

Berlinguer rilascia un'intervista a Giampaolo Pansa, che esce in simultanea sul «Corriere della Sera» e sull'«Unità», nella quale rende ancora più esplicite le critiche al sistema sovietico e sottolinea la funzione protettiva della Nato, del Patto Atlantico, anche nei confronti dell'eurocomunismo che egli incarna. Quest'ultima parte, la più sgradita ai sovietici, viene censurata dal quotidiano comunista, ma ormai il dado è tratto. La sera di quel martedì che precede le elezioni politiche di domenica 20, in una *Tribuna elettorale* televisiva, ribadisce il suo pensiero, anche se si mostra più prudente sulla Nato. In sostanza, dice, nel sistema sovietico qualsiasi tentativo di coniugare socialismo e libertà viene represso, ma sotto l'ombrello della Nato, che pur protegge le libertà, non è che vogliono farci realizzare il socialismo. Alle elezioni i due principali partiti italiani stravincono: la Dc risale al 38,7 per cento, il Pci di Berlinguer avanza sino al 34,4 e manda alla Camera 48 deputati in più. L'attuazione piena del compromesso storico appare più concreta.

31 ottobre 1977 – Il secondo strappo con Mosca

A Mosca per le grandiose celebrazioni del sessantesimo anniversario della Rivoluzione d'Ottobre, Berlinguer viene accolto con grande cordialità, all'aeroporto Sceremietevo, dalla delegazione sovietica guidata da Suslov e Ponomariov. Già in una saletta dell'aeroporto consegna all'interprete Enrico Smirnov le quattro pagine del suo discorso e dice: «Ho cercato di stare nei dieci minuti stabiliti». Suslov sorride e si mostra accomodante: «Il compagno Berlinguer può parlare anche dodici o quindici minuti, se vuole». Dopo una introduzione gradita ai sovietici sulle conquiste pur tormentate dell'Urss, sulla portata universale della vittoria del partito di Lenin e sul contributo decisivo di Mosca alla sconfitta del nazismo, il testo approfondisce due temi certamente meno graditi. Il primo è sui rapporti tra i partiti comunisti e operai e recita: «È pacifico che non possono esistere partiti che guidano e partiti che sono guidati». Il secondo è sulla democrazia, «il valore storicamente universale sul quale fondare un'originale società socialista che garantisca tutte le libertà personali e collettive, civili e religiose». Per conquistarla sono fondamentali «il carattere non ideologico dello Stato, la possibilità dell'esistenza di diversi partiti, il pluralismo della vita sociale, culturale e ideale». Sul momento i sovietici non fanno obiezioni, ma a mezzanotte qualcuno bussa alla porta della dacia sulle colline Lenin riservata alla delegazione italiana. È Smirnov: un po' avvilito comunica che il tempo per ogni intervento è ridotto a sette minuti. Berlinguer appare irritato: tre minuti di meno sono un taglio di una cartella sulle quattro. Fa attendere Smirnov in basso e nella sua stanza al primo piano si mette a limare il testo. Ritocca la prima parte, ma sui due punti chiave non taglia una parola. Quando la tarda mattinata del 2 novembre Berlinguer legge il suo testo in sei minuti e trentadue secondi si meraviglia che sui due punti in sala non ci siano brusii. In realtà, l'interprete ufficiale legge un foglio, non traduce in sincrono per le cuffie dei delegati, ed è rimasto indietro. Ma quando arriva ai due punti la sala disapprova, rumoreggia e alla fine l'applauso sarà solo di cinque secondi, il più breve della giornata.

16 marzo 1978 – Berlinguer e il sequestro di Aldo Moro

«Il momento è tale che tutte le energie devono essere unite e raccolte perché l'attacco eversivo sia respinto con saldezza di nervi, non perdendo la calma, ma anche adottando tutte le iniziative e tutte le misure opportune per salvare le istituzioni e garantire la sicurezza e l'ordine democratico.» È questa, preludio alla «linea della fermezza», la frase pronunciata in Parlamento da Berlinguer subito dopo il rapimento da parte delle Brigate Rosse del presidente della Dc. Quello stesso giorno nasce il governo Andreotti di solidarietà nazionale, che segna l'ingresso dei comunisti nella maggioranza parlamentare, favorito esattamente un mese prima da un incontro privato di Berlinguer con Moro, che si impegna personalmente a convincere i gruppi parlamentari Dc della necessità di questa svolta. Dopo l'assassinio del leader democristiano, il 9 maggio, la forza della solidarietà nazionale via via si affievolisce. Alle elezioni politiche del 3 giugno 1979 il partito di Berlinguer crolla di quattro punti, dal 34,4 al 30,4 per cento, perdendo un milione e mezzo di elettori. Da quel risultato discendono tensioni interne e le prime critiche al segretario che, un anno più tardi, dichiara definitivamente chiusa la fase della solidarietà nazionale a favore di un governo di «alternativa democratica» e annuncia: «Oggi la questione morale è divenuta la questione più importante».

3 novembre 1979 – L'invasione dell'Afghanistan

Trascorre le vacanze di agosto del 1979 in un villino fuori Yalta, vicino a una spiaggia sul Mar Nero, con la moglie Letizia e i figli. Con loro è il funzionario della sezione esteri del partito Antonio Rubbi, che ha studiato molti anni in Unione Sovietica e conosce bene il russo. Nella zona è in vacanza anche il potente Ponomariov con il quale, dieci mesi prima, aveva avuto a Mosca un colloquio come sempre burrascoso sui soliti temi di divergenza e su uno nuovo: la politica di potenza dell'Urss in Africa e in Asia. Nella veranda del villino di Yalta si incontrano di nuovo, presenti Rubbi e l'interprete russo Smirnov. Argomento di forte attualità è l'Afghanistan, da più di un anno teatro di colpi di Stato e di una durissima guerra civile, nella quale i sovietici appoggiano decisamente la fazione di Babrak Karmal, di scarsa base popolare e avversata dai leader tribali più potenti che hanno il controllo delle loro regioni. Ponomariov ha visitato Kabul due volte e sostiene che tutto è sotto controllo. Berlinguer, che ha informazioni di prima mano dagli jugoslavi sui massacri e sull'avanzata dei gruppi filoislamici nei confronti del debole partito filosovietico, confuta le sue tesi e ribadisce al burocrate del Cremlino un punto fermo: senza il consenso del popolo le rivoluzioni non si fanno. A dicembre, dopo l'invasione dell'Afghanistan da parte dell'Armata Rossa e il colpo di

Stato che porta al potere Karmal, il Pci di Berlinguer prende una netta posizione di condanna. Scrive «l'Unità» il 29 dicembre: «La nuova soluzione di forza ai vertici dello Stato e l'intervento militare sovietico costituiscono fatti gravi e preoccupanti». E il 4 gennaio 1980 la direzione del partito approva un documento: «Il Pci ribadisce il proprio netto dissenso [...]. Resta più che mai valida la fondamentale verità che i processi di liberazione dei popoli non possono che essere opera dei popoli stessi». La vacanza estiva di Yalta ha un'appendice singolare. A Mosca, sulla via del ritorno in Italia, Berlinguer incontra Breznev per un breve saluto. All'imbarco per Roma un accompagnatore gli mostra il comunicato preparato dalla *Tass* sulla visita. Si adira: «Ma come! Ho già un piede sulla scaletta dell'aereo e mi mostrate ora questa cosa». Ma non pronuncia un no secco, si arrende al fatto compiuto. Una debolezza e un infortunio per lui, ma un segnale, anche, che i sovietici sono ormai alle corde e ricorrono a trucchetti un po' puerili e surreali. Secondo quelle righe della *Tass* Berlinguer esalta con Breznev i successi dello Stato socialista sovietico e «si oppone alle campagne calunniose contro i Paesi socialisti». Il contrario di quello che pubblicamente dice e scrive da oltre dieci anni.

15 dicembre 1981 – Lo strappo definitivo

Tocca a lui rispondere ai giornalisti nella trasmissione serale di *Tribuna politica* alla tv. Tre giorni prima il generale Wojciech Jaruzelski aveva instaurato con un colpo di Stato un regime militare a Varsavia e fatto arrestare i dirigenti di Solidarnosc. La Polonia è dunque il tema d'obbligo della trasmissione. Tutti si aspettano la ferma condanna del golpe e strali lanciati contro la politica estera dell'Urss che ormai la stampa internazionale aveva preso a definire «socialimperialismo». Ma Berlinguer va oltre, spiazza tutti. «Ciò che è avvenuto in Polonia» dice, «ci induce a considerare che effettivamente la capacità propulsiva di rinnovamento delle società (o almeno di alcune delle società) che si sono create nell'Est europeo è venuta esaurendosi. Parlo di una spinta propulsiva che si è manifestata per lunghi periodi e che ha la sua data d'inizio nella Rivoluzione socialista dell'Ottobre [...]. Oggi siamo giunti a un punto in cui quella fase si chiude [...]. Noi pensiamo che gli insegnamenti fondamentali che ci ha trasmesso prima di tutto Marx e alcune delle lezioni di Lenin conservino una loro validità; e che d'altra parte vi sia tutto un patrimonio e tutta una parte di questo insegnamento che sono ormai caduti e debbono essere abbandonati e del resto sono stati da noi stessi abbandonati con gli sviluppi nuovi che abbiamo dato alla nostra elaborazione, centrata su un tema che non era centrale in Lenin. Il tema su cui noi ci concentriamo è quello dei modi e delle forme della costruzione socialista in società economicamente sviluppate e con tradizioni democratiche, quali sono le società dell'Occidente europeo [...]. Da questo punto di vista noi consideriamo l'esperienza storica del movimento socialista nelle due fasi fondamentali: quella socialdemocratica e quella dei Paesi dove il socialismo è stato avviato sotto la direzione di partiti comunisti [...]. Entrambe vanno superate criticamente con nuove soluzioni, cioè con quella che noi chiamiamo la terza via, terza rispetto alle vie tradizionali della socialdemocrazia e ai modelli dell'Est europeo.» È lo strappo definitivo con Mosca, che l'unico oppositore di peso nel partito, Cossutta, definirà in direzione «uno strappo, non tanto con l'Urss, quanto con le radici stesse del partito di Gramsci e di Togliatti». Dall'Est le reazioni sono furibonde. A Praga il giornale del Pc «Rude Pravo» scrive: «La direzione del Pci è passata al campo dei nemici della nostra comune causa». E a Mosca la «Pravda», sotto il titolo «Contro gli interessi della pace e del socialismo», così commenta: «Nessuna persona onesta al mondo può considerare senza sdegno le dichiarazioni dei dirigenti del Pci in cui si parla dei tentativi del nostro Paese di imporre la propria volontà ad altri popoli».

7 giugno 1984 – Berlinguer colpito da ictus

Arriva a Padova poco prima di mezzogiorno per un comizio in vista delle elezioni europee di dieci giorni dopo. Nel pomeriggio scrive le risposte a nove domande postegli da Lamberto Sechi, direttore del «Mattino di Padova», e incontra una delegazione di operai della Galileo. Alle 21.30 è sul palco in piazza della Frutta: come d'abitudine ha saltato la cena. È contrariato perché a Roma il governo Craxi ha posto la fiducia al Senato sul decreto che taglia la scala mobile. Parla del degrado della vita pubblica italiana. Dice: «I comunisti potranno avere mille difetti, ma nessuno che sia onesto potrà loro negare la serietà, l'attaccamento alla democrazia, l'impegno nella difesa delle istituzioni». Poi si interrompe, sul viso smorfie di dolore. Vuole andare avanti lo stesso, anche se ogni tanto le parole si inceppano. Alle 22.25 si aggrappa al leggio, colpi di tosse e conati, non ce la fa più. È un ictus, l'emorragia è grave. Più tardi entra in coma irreversibile. Lunedì 11 giugno, dopo quattro giorni di agonia, muore nella sala di rianimazione dell'ospedale Giustinianeo di Padova. Mercoledì 13 giugno, a Roma, quasi due milioni di persone commosse partecipano ai funerali e al corteo che raggiunge piazza San Giovanni. Sul balcone del palazzo di via delle Botteghe Oscure saluta la folla il funzionario della delegazione sovietica Mikhail Gorbaciov. Alle elezioni del 17 giugno il partito, nonostante la scomparsa, decide di lasciare Berlinguer capolista. Per la prima e ultima volta nella storia il Pci sorpassa, seppure di poco, la Dc.

IL LIBRO E LA STAMPA

I comunisti preferiscono il camion

di Indro Montanelli

«il Giornale», 11 novembre 1991

L'altra sera ho colto sul video un flash di Occhetto che sottolineava, enfatizzandola, la «diversità» del suo partito da tutti gli altri e particolarmente da quelli al potere. Non ho fatto in tempo a capire in cosa Occhetto facesse consistere questa diversità. Ma a spiegarmelo sopraggiunge l'ultimo numero di «Panorama», in edicola da stamani, con la ricostruzione del famoso incidente toccato a Berlinguer nella sua visita a Sofia del 1973.

Di questo incidente si è molto parlato recentemente in seguito a una dichiarazione di Macaluso che ha avanzato l'ipotesi di un attentato, basata su quanto lo stesso Berlinguer gli aveva confidato. I cronisti di «Panorama» Fasanella e Incerti sono andati a indagare sul posto, ora che gli archivi anche laggiù cominciano ad aprirsi. E anche se non hanno raggiunto nessuna certezza, hanno tuttavia raccolto una serie di indizi che giustificano ampiamente i sospetti.

È accertato, per cominciare, che il colloquio fra il capo del comunismo italiano e quello bulgaro, Zhivkov, aveva subito raggiunto toni di tale asprezza che i due interlocutori decisero di troncarlo; e a darne l'annuncio alla stampa non fu un funzionario del ministero degli Esteri, ma il capo dei servizi segreti, il quale aggiunse che l'ospite sarebbe immediatamente ripartito. Fu sulla strada dell'aeroporto che la macchina di Berlinguer venne investita da un camion, e solo un palo della luce elettrica le impedì di volare nel burrone. Tutte le rilevazioni fotografiche del sinistro, che costò la vita all'interprete, furono immediatamente sequestrate, e solo oggi vengono pubblicate: uno sfracello, da cui non si capisce come Berlinguer sia potuto uscire soltanto ferito.

Il giornalista bulgaro Todorov, figlio della nomenklatura, confuta la tesi dell'attentato dicendo che con Berlinguer viaggiava il n. 2 del partito, Velchev, rimasto anche lui gravemente ferito. Ma si dà il caso che proprio allora il n. 2 si trovasse ai ferri corti con il n. 1, Zhivkov, il quale si preparava – raccontano a Sofia – a fare di sua figlia Ludmilla, già ministro della Cultura, il proprio successore. Vero o falso, sta di fatto che poco dopo Ludmilla rimase vittima di un incidente analogo a quello di Berlinguer, delle cui conseguenze dopo qualche tempo morì.

Di tutto questo nessuno – nemmeno i comunisti – aveva saputo nulla. Era un segreto rimasto fra Berlinguer, sua moglie Letizia, Macaluso, forse qualche altro gerarca del «vertice». Ma non risulta che il Pc italiano abbia chiesto spiegazioni a quello bulgaro, né tanto meno al «grande fratello» sovietico che, comunque fosse andata, non poteva essere all'oscuro della vicenda. Tutto era continuato come prima, tra «fratelli». Ecco la vera diversità che corre tra il partito di Occhetto e gli altri. Col che, intendiamoci, non vogliamo affatto dire che gli altri siano moralmente migliori. Anch'essi praticano, tra fratelli, l'agguato e il gioco al massacro. Ma li praticano con la cosiddetta controinformazione, con le «soffiate» dei servizi segreti, coi giudici Casson. Non coi camion lanciati sulle autoblù e soprattutto senza impegno di segreto, sia pure per incapacità di serbarlo.

Se questa è la diversità cui l'on. Occhetto alludeva, gliela concediamo senz'altro. E senza punta d'invidia.

Audizione del senatore Francesco Cossiga, Presidente Emerito della Repubblica

Commissione parlamentare d'inchiesta sul «dossier Mitrokhin» e l'attività di intelligence italiana, 54° seduta, 26 febbraio 2004

Domanda del commissario deputato Enzo Fragalà:

Quando lei dice che dal 1974 o dal 1975 Berlinguer con lo «strappo» si attira le misure attive da parte del Kgb e del Gru e addirittura lei dice che nel 1973 Berlinguer teme di essere ucciso in Bulgaria...

Non teme, lui mi ha detto che hanno tentato di ammazzarlo. Quando mio cugino Giovanni Berlinguer scrisse una lettera a «l'Unità» dicendo che erano tutte balle, Letizia Berlinguer scrisse a «l'Unità» una lettera in cui gli tolse la pelle, dicendo che stesse zitto perché lui non sapeva niente. Enrico Berlinguer mi raccontò che lui non volle dormire a Sofia, che non voleva neanche parlare, che fu supplicato di parlare. Chiese che lo riaccompagnassero subito in Italia. I bulgari gli dissero che non avevano l'aereo a disposizione. Allora lui disse: «Me ne vado all'ambasciata d'Italia e chiedo al mio governo di mandarmi un aereo: me lo manderà certamente». Solo allora il governo bulgaro gli diede l'aereo. Queste sono cose che so di scienza personale.

Berlinguer, a Sofia un camion killer

di Paolo Franchi

«Corriere della Sera», 27 maggio 2005

Più o meno un quarto di secolo fa, Alessandro Natta parlò, come qualcuno ricorderà, di un «lavorio»: un'espressione molto garbata, destinata a entrare rapidamente nel lessico familiare del Pci, per segnalare che i sovietici, in concorso con altri Paesi e partiti fratelli, si stavano dando parecchio da fare per contrastare la politica di Enrico Berlinguer. Reo di aver proclamato esaurita «la spinta propulsiva» dell'Urss e di quello che allora si autodefiniva come il «campo socialista». E accusato per questo da Armando Cossutta di essersi reso responsabile di un inammissibile «strappo» con il movimento comunista internazionale. A leggere *Sofia 1973: Berlinguer deve morire,* il libro di Giovanni Fasanella e Corrado Incerti, balza agli occhi che quella parola, «lavorio», era un timido e preoccupato eufemismo. Che quel «lavorio», chiamiamolo così anche noi, era iniziato da parecchio tempo: per lo meno dal 21 agosto 1968, quando i comunisti italiani, ancora guidati da Luigi Longo, espressero «vivo dissenso e riprovazione» per l'invasione della Cecoslovacchia, respingendo la tesi brezneviana della «sovranità limitata». E soprattutto che, accanto al «lavorio» per così dire «pulito», ce ne fu anche uno sporco, che contemplava non solo il finanziamento ai compagni fidati, le microspie, l'infiltrazione, la provocazione, il sostegno, almeno indiretto, al terrorismo, ma forse addirittura l'assassinio politico. Tentato appunto a Sofia, il 3 ottobre 1973, contro Berlinguer, al termine di un tempestoso incontro con il leader bulgaro Todor Zhivkov. La storia non è certo inedita: a rivelare a Fasanella i forti sospetti di Berlinguer su quel camion che aveva violentemente investito la sua auto sulla strada dell'aeroporto, provocando la morte di un accompagnatore, era stato, nel 1991, Emanuele Macaluso. E proprio da quelle parole di Macaluso (che all'epoca non convinsero né Natta né Paolo Bufalini né Carlo Galluzzi) il libro di Fasanella prende le mosse. Per ricostruire il più possibile nei dettagli quell'oscura vicenda, certo, sulla scorta di nuove carte e nuove testimonianze, tra le quali, importanti, quelle dei familiari di Berlinguer, che, confermando i sospetti di Enrico, rendono ancora più plausibile la tesi dell'attentato. Ma anche per provarsi a raccontare, a partire da qui, una faccia sommersa degli anni Settanta e dei primi anni Ottanta, secondo una chiave interpretativa che si può sintetizzare in questi termini: Berlinguer aveva in animo di indicare un approdo apertamente socialdemocratico e occidentale al Pci, i sovietici (e altri, come i bulgari o i cecoslovacchi, forse persino più brutalmente di loro) fecero di tutto, ma proprio di tutto, per impedirlo. Il libro si fa leggere con la tensione, e la passione, di un thriller politico. La documentazione è ricca e densa, se non di prove, di indizi inquietanti, la scrittura è incalzante: lascio volentieri al lettore il piacere di scoprirle. Quanto alla chiave interpretativa, mi consento, invece, più di un dubbio. Non sulla profonda e comprensibile avversione sovietica alla politica di Berlinguer, si capisce, e neppure sulle nefandezze, note e meno note, che questa avversione sicuramente avrà innescato, ma sulle intenzioni del segretario del Pci. Che ebbe sicuramente il merito di aver portato la navicella del suo partito prima al limite estremo, e poi anche oltre il limite, dell'Invincibile armata del movimento comunista internazionale. Ma che socialdemocratico non fu mai e mai volle diventare. Nemmeno (anzi: tanto meno) quando «strappò» con Mosca.

Lettera di Giulio Andreotti a Giovanni Fasanella

2 giugno 2005

Caro Fasanella,

la giornata festiva mi ha consentito di leggere il suo libro (ringrazio per l'invio) e apprezzarne il valore, anche oltre il giallo dell'attentato. È questo il momento giusto (non troppo vicino né troppo lontano) per ridiscutere nel quadro della sinistra italiana il ruolo e l'evoluzione del Pci. Purtroppo l'assassinio di Moro bloccò un processo che stava maturando.

Cordiali saluti,
Giulio Andreotti

Berlinguer doveva morire

di Pasquale Chessa

«Panorama», 2 giugno 2005

C'è la quinta colonna di Mosca guidata dal Kgb che combatte la sua ultima battaglia dentro il Pci di Enrico Berlinguer. C'è Giangiacomo Feltrinelli che prepara l'attentato al traliccio di Segrate, dove muore, per far saltare la corrente elettrica al congresso del Pci che deve eleggere il successore di Luigi Longo. E c'è anche Pietro Secchia, irriducibile, al quale si ispirano le Brigate Rosse. C'è il segno fitto di indizi dell'infiltrazione sovietica nel terrorismo italiano. E dietro tutto, anche se il nesso, più che dimostrato in sede storica, è suggerito con tutta la forza che può esprimere un'inchiesta giornalistica, c'è Armando Cossutta, l'uomo su cui puntarono senza successo i sovietici per portare a termine una sorta di colpo di Stato dentro il Pci.

Ma soprattutto, al centro di questa vicenda politica, che segue tutte le regole del grande complotto internazionale, riproposta da un libro di Giovanni Fasanella e Corrado Incerti *(Berlinguer deve morire)*, c'è la foto di quella Chaika di fabbricazione russa, distrutta il pomeriggio del 3 ottobre del 1973 da un autocarro militare pieno di pietre, sulla quale Berlinguer cercava di raggiungere l'aeroporto di

Sofia, dopo un burrascoso incontro ufficiale con il capo della Bulgaria comunista, l'ipersovietico Todor Zhivkov.

Prima scomparse e poi ritrovate negli archivi dei servizi bulgari, le immagini della Chaika non possono essere lette come foto di un normale incidente. Dai rottami accartocciati Berlinguer uscì malconcio, ma illeso. E soprattutto convinto che quell'incidente fosse un attentato. Miracolosamente fallito, nonostante l'esecuzione esemplare in perfetto stile bulgaro. Un colpo di fortuna, perché l'interprete accanto era morto sul colpo.

Perciò il segretario del Pci, dopo le prime cure, rifiutò l'assistenza bulgara, si rifugiò nell'ambasciata italiana e chiese di rientrare con un aereo del governo italiano. Atterrò a Ciampino, per non dare nell'occhio, determinato a tenere per sé quell'imbarazzante verità.

Fu Emanuele Macaluso, nell'ottobre 1991, a rivelare a «Panorama» che «l'incidente» di Sofia era stato vissuto da Berlinguer come un attentato. Gli autori dell'intervista, Fasanella e Incerti, si trovarono al centro di un caso giornalistico infiammato. Le smentite della versione di Macaluso, leader del migliorismo antisovietico nel Pci, furono quasi unanimi. Dal portavoce del segretario, Tonino Tatò, al fratello Giovanni, fino al padre nobile del riformismo comunista Paolo Bufalini. Perfino gli amici più cari, Carlo Galluzzi, responsabile della politica estera negli anni Settanta, e Alessandro Natta, segretario del partito dopo Berlinguer, smentirono con dettagliata convinzione l'attentato di Sofia.

Ma, come uno sparo nel bel mezzo di una sinfonia, arrivò la più autorevole delle testimonianze a sottrarre dall'imbarazzo Macaluso. «Enrico sospettava che quello in Bulgaria non fosse un incidente»: così la vedova Letizia Laurenti Berlinguer, nell'unica intervista della sua vita, pubblicata sull'«Unità». Fasanella e Incerti, quasi trentadue anni dopo i fatti e quattordici anni dopo la prima inchiesta, sulla base di nuovi documenti, dalle carte Mitrokhin agli appunti di Berlinguer conservati negli archivi dell'Istituto Gramsci, hanno ora ricostruito una vicenda politica e giornalistica di cui la storia non potrà fare a meno. C'è il ritratto del Pci «quale effettivamente era», ha scritto Giuseppe Vacca nella puntuale introduzione, testimonianza «dell'ambivalenza con cui i dirigenti del Pci, compreso Berlinguer, avevano vissuto il dissidio politico con Mosca».

Enrico Berlinguer, un thriller politico

di Giovanni Valentini

«la Repubblica», 4 giugno 2005

È un vero thriller politico, vero perché fondato su fatti realmente accaduti e qui ampiamente documentati, il libro che due giornalisti d'inchiesta come Giovanni Fasanella e Corrado Incerti dedicano all'attentato che più di trent'anni fa doveva costare la vita a Enrico Berlinguer, segretario del Pci, durante una visita in Bulgaria *(Sofia 1973: Berlinguer deve morire*). E come un thriller – appunto – si legge, in virtù del ritmo incalzante di un racconto che si avvale anche di molte testimonianze dirette, come quelle dei familiari del leader comunista e di alcuni compagni di partito. Il pomeriggio del 3 ottobre 1973, mentre si dirigeva all'aeroporto di Sofia dopo un burrascoso incontro sull'invasione sovietica della Cecoslovacchia, Berlinguer rimase coinvolto in un incidente stradale: la sua auto fu urtata violentemente da un camion e non finì in una scarpata soltanto perché si fermò contro un palo della luce. Lui si salvò, ma nell'urto morì il suo interprete e due dirigenti del Partito comunista bulgaro rimasero gravemente feriti. Per diciotto anni la notizia rimase avvolta nel segreto, fino a quando Emanuele Macaluso, in un'intervista rilasciata al settimanale «Panorama» nel 1991, avanzò l'ipotesi di un agguato, ordito dai servizi segreti per conto del Kgb. Introdotto da uno stimolante testo del filosofo Giuseppe Vacca, il libro di Fasanella e Incerti è a sua volta un documento politico sui rapporti tra Berlinguer e i Paesi del blocco sovietico, fino al colpo di Stato in Polonia nel 1981 e allo «strappo» definitivo con l'Urss. La tesi dell'attentato è tanto verosimile e suggestiva quanto ancora da dimostrare. Ma, al di là dell'episodio specifico, la mole di indizi e testimonianze raccolti dai due autori può essere sufficiente almeno a insinuare il dubbio o il sospetto, anche in tanti che continuano a leggere la storia dei comunisti italiani come interamente piegata agli interessi e al servizio di Mosca.

Mosca ordinò: uccidete Berlinguer

di Piero Melograni

«Il Sole-24 Ore», 19 giugno 2005

Finalmente, a trentadue anni di distanza dal giorno in cui bulgari e sovietici tentarono di uccidere Enrico Berlinguer, esce un libro sull'argomento. L'intera storia del Pci dovrà essere riconsiderata alla luce di queste rivelazioni.

Il 3 ottobre 1973 Berlinguer era a Sofia per incontrare Zhivkov, capo dei comunisti bulgari. I colloqui furono assai tesi, tanto che Berlinguer decise di interromperli e tornare in Italia. Lungo la strada da Sofia all'aeroporto si avviò un corteo di automobili. La prima con i poliziotti bulgari. La seconda, oltre all'autista e a un interprete, ospitava Berlinguer e due alti dirigenti bulgari: Tellalov e Velchev. Nella terza auto due esponenti del Pci, Gastone Gensini e Angelo Oliva. Su un cavalcavia, la prima auto, con i poliziotti, accelerò e scomparve. Vari automezzi si muovevano nell'opposta corsia in direzione di Sofia. Tra questi un camion militare dei servizi speciali carico di pietre. Non appena l'auto di Berlinguer gli arrivò a tiro, il camion sterzò a sinistra e accelerò per colpirla con forza. L'auto sarebbe precipitata dal cavalcavia se non fosse stata fermata da un palo della luce. L'interprete morì sul colpo. Berlinguer ebbe un trauma cranico, varie ferite e perse una scarpa. Tellalov fu sbalzato fuori e si trovò a terra ferito. Velchev ebbe una gamba fratturata, lesioni alla pupilla e perse alcuni denti.

Gensini e Oliva, soccorso Berlinguer, fermarono un taxi per condurlo all'ospedale. I medici consigliarono al ferito di restare in osservazione alcune settimane, ma lui, che aveva superato lo choc e temeva i bulgari, decise di ripartire. Telefonò alla famiglia, minacciò di emanare un comunicato stampa e, attraverso l'ambasciata d'Italia, ottenne da Roma un aereo-ambulanza. Per mantenere il segreto l'aereo atterrò all'aeroporto di Ciampino. Il presidente del Consiglio era allora Rumor e il ministro degli Esteri Aldo Moro. Rumor, Moro, l'ambasciatore italiano e i servizi segreti capirono tutto, ma proteggevano il Pci e restarono muti. Né «l'Unità» né altri giornali pubblicarono una sola riga. Berlinguer disse poi a Emanuele Macaluso, alto dirigente del Pci, di sospettare un attentato, ma gli chiese di tacere. Macaluso tacque diciotto anni. Nel 1991, dopo la morte di Berlinguer, ne parlò con Fasanella e Incerti, i due giornalisti di «Panorama» che hanno ora scritto questo libro. Molte persone vicine a Berlinguer – fra le quali Tatò, Giuseppe Fiori, Antonio Rubbi, Natta e Galluzzi – sostennero che Macaluso aveva detto il falso. Bufalini, membro della segreteria, giudicò strampalata l'ipotesi dell'attentato dato che Berlinguer viaggiava con due eminenti bulgari. Inconcepibile che si volessero eliminare anche loro. Giovanni Berlinguer, fratello di Enrico, attestò che il fratello non gli aveva mai parlato di attentato. «Panorama» si trovò in imbarazzo. Ma «l'Unità» del 28 ottobre 1991 pubblicò un'intervista con Letizia Berlinguer, vedova di Enrico, la quale confermò le confidenze di Macaluso: Enrico aveva comunicato i suoi sospetti anche a lei.

Oggi non possiamo più dubitare si volesse uccidere Berlinguer. I due bulgari nell'auto speronata erano nemici di Zhivkov, così che Zhivkov, uccidendo anche loro, prendeva due piccioni con una fava. In quei giorni il numero due del Pci era Cossutta, amicissimo di bulgari e sovietici. Se Berlinguer fosse morto ne diventava l'erede. Due anni dopo Berlinguer provvide a estrometterlo dalla segreteria. Gli autori del libro sono stati bravissimi nel raccogliere informazioni e prove. Dimitri Georgiev, che aveva fotografato l'auto speronata, ha ritrovato le foto sequestrategli dalla polizia segreta. Fasanella e Incerti, tuttavia, cercano le motivazioni dell'attentato soprattutto nel crescente distacco tra Berlinguer e l'Urss. Un fatto incontrovertibile, ma insufficiente a spiegare l'attentato, che ebbe luogo il 3 ottobre '73, proprio nei giorni in cui Berlinguer rendeva pubblica la linea del «compromesso storico» con la Dc scrivendo tre articoli su «Rinascita». Il primo era uscito il 28 settembre. L'ultimo apparve il 12 ottobre, dopo l'attentato, ma poteva essere stato scritto prima. Sia gli americani sia i sovietici non volevano che il Pci partecipasse al governo per non mettere in discussione la spartizione dell'Europa in sfere di influenze, sulla quale poggiava la pace mondiale. Gli occidentali non sostennero mai le rivoluzioni spontaneamente scoppiate nell'impero sovietico. E i sovietici, in cambio, non avrebbero mai appoggiato una insurrezione comunista in Italia. Le prove sono tante. L'ultima si trova nel diario di Andreotti pubblicato in questi giorni da Rizzoli. All'ammiraglio Garofalo che paventava un'insurrezione, Andreotti rispose tranquillo: «I comunisti non si muoveranno che nel caso di una guerra». La guerra non ci fu mai e i comunisti non insorsero mai.

Mosca vietava al Pci di entrare in un governo anche attraverso la via elettorale, per la semplice ragione che i cattolici polacchi o i dissidenti ungheresi avrebbero preteso a quel punto libere elezioni, mettendo a rischio l'impero di Mosca e la pace generale. Come scrisse già nel 1975 lo storico britannico A.J.P. Taylor nella sua *Storia della seconda guerra mondiale:* «Stalin era più che mai deciso a impedire qualsiasi successo comunista al di fuori della sua sfera di influenza, e fu Stalin, più che gli americani, a conservare l'Europa occidentale per la democrazia capitalista».

Fasanella e Incerti danno giustamente credito a Oleg Gordievskij, il funzionario dei servizi segreti sovietici che, con Christopher Andrew, pubblicò anni or sono *La storia segreta del Kgb.* Ci stupisce però che abbiano eliminato la frase più significativa di Gordievskij: «La proposta (del compromesso storico) fu resa accettabile dal fatto che il Pci avrebbe appoggiato il governo Dc, ma non sarebbe entrato a farne parte». La frase è stata così parafrasata: «Il punto di equilibrio fu che Mosca non avrebbe provocato una scissione finché il Pci, nonostante tutto, avesse continuato a mantenere un dialogo aperto con l'Urss». È vero che in altre pagine Fasanella e Incerti accennano al fatto che la Russia non gradiva il Pci al governo, ma si tratta di accenni che possono sfuggire.

Berlinguer e l'attentato misterioso

di Massimo Caprara

«il Giornale», 11 luglio 2005

Enrico Berlinguer, segretario del Pci dal 1972 all'84, subì nel '73 un attentato che lui stesso sospettò e individuò di matrice sovietica, della sua polizia segreta, il Kgb, e dei suoi numerosi complici nei regimi dell'Europa dell'Est. A Sofia, l'auto sulla quale viaggiava, una Chaika russa, venne investita da un camion carico di pietre, proveniente dalla direzione opposta. L'interprete che lo accompagnava morì sul colpo e due dirigenti del Partito comunista bulgaro riportarono gravi ferite. La moglie di Berlinguer, Letizia, rivelò l'accaduto sull'«Unità» nell'ottobre del 1991, riportando con nettezza l'accusa del marito, che comunque aveva accettato che l'incidente rimanesse segreto e che il partito e il governo comunista bulgaro dessero pochissime e sfuggenti notizie. Il solo Craxi reclamò informazioni più responsabili, senza ottenere successo. Due giornalisti italiani, Giovanni Fasanella e Corrado Incerti, furono allora, nel novembre del 1991, inviati a Sofia dove trovarono una serie sconcertante di testimonianze a sostegno dell'attentato e riportarono le foto dell'incidente avendo parlato con il fotografo e con altri funzionari del partito bulgaro che aveva appena cambiato nome, si chiamava Partito socialista e come tale era stato sconfitto nelle prime elezioni libere dall'Unione Forze Democratiche. I servizi segreti bulgari, pienamente subalterni a quelli russi, non erano nuovi a simili operazioni. Erano infatti accusati di aver ucciso nel 1965 un eroe popolare della guerra, Ivan Todorov, generale dell'Armata bulgara, accusato d'aver ordito un colpo di Stato per rovesciare il regime pro sovietico. Con la punta di un ombrello avvelenato, era stato ucciso a Londra lo scrittore dissidente Georgi Markov e mancato d'un soffio l'altro dissidente Vladimir Kostov. Nel 1950, Togliatti stesso era stato investito da un camion sulla strada statale per Pont-Saint-Martin nella sua amata Val d'Aosta. Non a caso, dopo lo scontro, Berlinguer rifiutò l'offerta bulgara di ricovero in ospedale e di un aereo per far ritorno in Italia.

Sofia 1973: Berlinguer deve morire: questo è il titolo del libro asciutto e denso di fatti di Fasanella e Incerti [...]. Il libro spazia dalle verità emerse dai documenti dell'Istituto Gramsci, dalle carte affollate di nomi del dossier Mitrokhin, dalle indagini giudiziarie italiane dei sostituti Ionta, Nitto Palma e De Ficchy, dal ruolo del «contatto confidenziale della *residentur* del Kgb a Roma», cioè l'onorevole Armando Cossutta, della «quinta colonna» del Partito comunista sovietico nel Pci, dalle vicende ancora non rivelate del terrorismo rosso, all'attività militante tra il '68 e il '72 di Pietro Secchia, vicepresidente dello stesso Pci, gradito a Mosca, di Giangiacomo Feltrinelli, al flusso di danaro sovietico giunto in Italia sino al 1987. Un elenco di fatti e persone non del tutto nuovi, ma certo significativi per i molti misteri della Prima Repubblica. Nell'introduzione al volume, Giuseppe Vacca, presidente dell'Istituto Gramsci, come del resto gli autori, riferisce i motivi del contrasto acuto che opponeva Berlinguer ai dirigenti comunisti bulgari oltre che sovietici. Esso riguardava essenzialmente e sinteticamente la concezione della democrazia e del socialismo e la politica di potenza dell'Urss. Questi concetti furono, in Berlinguer, contrastanti con quelli di Mosca. Di qui il ricorso alle «misure attive contro Berlinguer» e alla manovalanza bulgara del crimine. Tutto questo risulta ormai dai fatti accertati. Nel libro viene ricordato il paragone che è stato anche esplicitamente formulato tra Berlinguer e l'ultimo Gorbaciov. Quei dirigenti italiani che «avevano vissuto i travagli di un conflitto sempre più aspro, ma anche le vicende terribili dell'infiltrazione sovietica nel terrorismo italiano», conservavano un'immagine benevola e amichevole dell'Urss. Più chiaramente ancora, nel 1991 nutrivano la certezza velleitaria della «emendabilità del comunismo». La storia ha sconfitto questa utopia berlingueriana.

«Uccidete il compagno Berlinguer»

di Riccardo Massa

«Il Secolo XIX», 18 agosto 2005

Enrico Berlinguer doveva morire. Non l'11 giugno del 1984, durante un comizio a Padova, ma in un attentato ordito dai gerarchi del Partito comunista bulgaro nel 1973, quando il segretario del Pci si trovava a Sofia in visita ufficiale. La tesi, supportata dai fatti, documentata da indizi raccolti con il rigore del saggio storico, raccontati col gusto del reportage intrigante e ritmati come una spy story, è al centro del libro di Giovanni Fasanella e Corrado Incerti *Sofia 1973: Berlinguer deve morire.*

Centosette pagine regalano una chiave di lettura, per molti aspetti inedita, della storia del Partito comunista italiano negli anni cruciali dello strappo con l'Urss, della via democratica al socialismo, del compromesso storico. Ne emerge il ritratto di un Berlinguer «statista» che – come riconosce Gorbaciov nelle ultime righe del libro – influenzò il processo di democratizzazione del Pcus.

Ma attorno al leader del Pci ruotano molti altri personaggi: Giangiacomo Feltrinelli che muore piazzando una bomba su un traliccio, a Segrate, dove il congresso del Pci doveva eleggere Berlinguer segretario, al posto di Luigi

Longo. Pietro Secchia, il «duro e puro» cui si rifanno le Br. Ma soprattutto Armando Cossutta, il Grande Vecchio del Pci, l'uomo che Mosca considerava una sorta di cavallo di Troia, capace di mandare all'aria il disegno politico di Berlinguer: «Unire proletariato e ceto medio», comunisti e cattolici.

Il segretario del Pci usa queste parole, quel giorno a Sofia, nell'incontro con Todor Zhivkov, segretario del Pc bulgaro, nonché presidente della Repubblica. Fasanella e Incerti hanno rintracciato le sessantotto pagine del resoconto stenografico di quel colloquio, a tratti drammatico. E anche la risposta a muso duro di Zhivkov: «Noi non puntiamo su un cammino pacifico. Sappiamo che in Italia esiste un blocco politico controllato dagli Stati Uniti: è antipatico e il nostro spionaggio sta lavorando per contrastare questo blocco».

Un'ora più tardi, la Chaika di fabbricazione russa che stava portando Berlinguer all'aeroporto di Sofia viene travolta da un camion militare carico di pietre, sbucato dal nulla. Il segretario del Pci ne esce ammaccato, feriti i due dirigenti bulgari che erano con lui e che pochi mesi dopo sarebbero stati messi ai margini del partito. Berlinguer pensa subito a un attentato. Tanto è vero che, dopo le prime cure, rifiuta l'assistenza bulgara, si rifugia nell'ambasciata italiana e chiede di rientrare in Italia con un aereo italiano che atterra a Ciampino, lontano da sguardi indiscreti.

Il primo a svelare la convinzione di Berlinguer è, nel '91, Emanuele Macaluso, esponente riformista del Pci, in un'intervista a «Panorama» raccolta proprio da Fasanella e Incerti. Ne segue una raffica di smentite. Solo la vedova Berlinguer, Letizia, conferma all'*«Unità»* i sospetti del marito.

Ora, trentadue anni dopo l'episodio di Sofia, le novità emerse dai documenti dell'Istituto Gramsci, dalle carte del dossier Mitrokhin e dalle nuove testimonianze di Macaluso, della signora Berlinguer e della figlia, Bianca – tutto documentato nel libro dei due giornalisti – consentono di rafforzare la tesi del complotto internazionale.

Ha detto Walter Veltroni, sindaco di Roma ed esponente dei Ds, presentando il libro con Macaluso, lo storico Giuseppe Vacca e il giudice Rosario Priore: «È verosimile che volessero uccidere Berlinguer e che i mandanti fossero a Est. Berlinguer era, per il sistema di Leonid Breznev, una minaccia gravissima perché costituiva un'alternativa possibile». Non solo per il capo del Cremlino. *Sofia 1973: Berlinguer deve morire* – come scrive Vacca nell'introduzione – mette a fuoco «l'ambivalenza con cui i dirigenti del Pci, compreso Berlinguer, avevano vissuto il dissidio politico con Mosca».

Berlinguer doveva morire a Sofia nel '73

di Luciano Borghesan

«La Stampa», 5 settembre 2005

Se Enrico Berlinguer fosse morto nel 1973, le Br avrebbero sequestrato e ucciso Aldo Moro? Nei suoi libri Giovanni Fasanella lo ha chiesto ai politici che hanno «riletto» l'ultimo mezzo secolo d'Italia. La risposta è «no»: senza uno dei due leader non ci sarebbe stato il «compromesso storico», la formula che unendo Dc e Pci rischiava di minare la ripartizione del mondo Ovest-Est stabilita al termine della seconda guerra mondiale. Le superpotenze Usa e Urss si facevano la guerra fredda, poteva esserci un'Italia dove gli interlocutori vivevano in armonia?

Fasanella, giornalista parlamentare di «Panorama» (ed ex «Unità»*)*, scrive libri-intervista su quel periodo. Ha sentito l'ex presidente della Commissione stragi, Pellegrino, l'ex presidente della Repubblica, Cossiga, anche l'ex Br Franceschini, e ora sta preparando una pubblicazione sull'omicidio di Guido Rossa. Questa volta, per tentare di risolvere i misteri d'Italia, ne aggiunge uno: *Sofia 1973: Berlinguer deve morire.* Col collega Corrado Incerti, Fasanella nel novembre 1991 condusse un'inchiesta giornalistica in Bulgaria; insieme ora hanno recuperato documenti, foto, verbali, hanno trovato testimoni di quello che, frettolosamente, fu archiviato come un incidente.

Già il loro primo servizio fece clamore: l'allora direttore del «Giornale», Indro Montanelli, commentò: «Fasanella e Incerti hanno raccolto una serie di indizi che giustificano ampiamente i sospetti». Ci furono smentite da tanti esponenti del Pci, il fratello Giovanni e amici del segretario nazionale (Natta, Peppino Fiori) riferirono di non avere avuto confidenze da Berlinguer sui dubbi manifestati a Emanuele Macaluso.

Fu ed è la famiglia, la vedova Letizia, la figlia Bianca (giornalista Rai) a rivelare che «Berlinguer sospettava che quello in Bulgaria non fosse un incidente». Fasanella e Incerti ricostruiscono il giallo: il 3 ottobre 1973 a pochi chilometri dall'aeroporto di Sofia un camion investe l'auto su cui viaggia il segretario del Pci, un palo della luce impedisce alla vettura di rotolare in un dirupo e comunque nell'urto muore l'interprete e due dirigenti del Pc bulgaro sono gravemente feriti. Da carte del dossier Mitrokhin, dell'Istituto Gramsci, di atti giudiziari emergono i rapporti tesi tra il blocco sovietico (Zhivkov compreso) e l'uomo dell'eurocomunismo, del «compromesso storico». Perché Berlinguer non parlò neppure al partito dell'attentato? Nell'introduzione Giuseppe Vacca spiega: «Se l'avesse fatto, la rottura con Mosca sarebbe stata inevitabile».

Aldo Tortorella intervistato da Walter Veltroni*

«Corriere della Sera», 19 luglio 2010

Che guerra hanno fatto i sovietici a Berlinguer?

Guerra totale, non solo sotterranea: noi eravamo il nemico degli americani, ma anche dei sovietici. Perché la tesi di Kissinger su Berlinguer era la loro: «Questo è il più pericoloso di tutti, perché è democratico». Il problema era che quella linea aveva bisogno di un impianto teorico robusto. Perché se la spinta propulsiva non funziona, non funziona più un mondo e non funzionano più le tue vecchie idee. È dire: «Questa divisione tra ricchi e poveri, borghesi e proletari non funziona, dobbiamo pensare a un mondo altro». Ogni forza democratica che voglia correggere il sistema cambiandolo gradatamente è sgradita. Anneghiamo nelle merci e miliardi di persone stanno alla fame. Questo per me è il comunismo, non l'orrore dei partiti unici e delle libertà negate.

* Aldo Tortorella è stato per anni nella segreteria del Pci con Berlinguer, ex vicepresidente del Comitato parlamentare di controllo sui servizi segreti. Titolo dell'articolo: *Berlinguer al governo? I sovietici tramarono per fermarlo*.

Tu ricordi episodi di guerra dichiarata dei sovietici al Pci?

Loro gli hanno addirittura censurato il discorso a Mosca. Quando ha detto «la democrazia valore universale» gli hanno tolto la frase, più di così... E poi il terrorismo. Nessuno mi toglie dalla mente che i sovietici abbiano lavorato per far saltare il compromesso storico, per impedire a Berlinguer di inverare la prospettiva della partecipazione al governo. Se lui fosse riuscito sarebbe stato un colpo alla linea dei sovietici. Guarda quello che ha detto il consulente Usa Pieczenik, mandato dagli americani per collaborare con Cossiga. Lui è stato protagonista di una manovra volta a far sì che le Br uccidessero Moro. Ha detto persino: «Ho temuto fino alla fine che lo liberassero». Moro e Berlinguer avevano sconvolto i canoni della guerra fredda. E tutti e due erano nel mirino. Ricordo la reazione violentissima dei sovietici al momento dell'eurocomunismo. Con Togliatti si parlava di via nazionale che voleva dire che la via era quella che volevano i sovietici, ma aveva delle varianti. Berlinguer, parlando di democrazia come valore universale, rompe questo schema e lavora per costruire una rete internazionale alternativa. Per i sovietici era troppo. Come troppo, per gli americani, era la «terza fase» di Moro. Via Fani si spiega così. E così si spiega l'attentato a Berlinguer in Bulgaria. E forse così si spiega l'addestramento delle Br in Cecoslovacchia...

Giorgio Napolitano intervistato da Walter Veltroni

Dal film documentario *Quando c'era Berlinguer* (2014)

«Penso che non si possa per niente escludere, assolutamente.»*

* Dichiarazione nel contesto di una riflessione sui fatti di Sofia.

Rosario Priore

Dal libro *Intrigo Internazionale*, Chiarelettere 2014

Secondo lei, qual era il grado di percezione nel mondo dell'Est del pericolo «eurocomunista» incarnato dalla politica berlingueriana?

Di certo, il pericolo rappresentato dall'«eurocomunismo» per i sistemi dell'Est fu percepito fin dal primo momento in tutta la sua devastante potenzialità. La Primavera di Praga, per quanto fosse stata repressa con i carri armati, costituiva ancora un pericolo per i regimi dell'Est. Dove quelle idee riformiste, portatrici di un socialismo dal volto umano, continuavano a fermentare nonostante il giro di vite brezneviano. Il rischio maggiore, paventato dagli analisti dei servizi segreti orientali, era che quei fermenti finissero per trovare un punto di riferimento nell'«eurocomunismo», e che la politica di Berlinguer fungesse da detonatore di nuovi conflitti politici e sociali. Per una parte di quel mondo, Berlinguer costituiva un pericolo mortale.

Tanto da indurre i servizi bulgari a progettare un attentato per eliminarlo, nell'ottobre 1973, a Sofia?

Sì, ricordo quell'episodio, la visita di Berlinguer in Bulgaria, i contrasti con il leader comunista di quel paese, Todor Zhivkov, la decisione improvvisa di rientrare a Roma, l'incidente sulla strada per l'aeroporto di Sofia. Così come ricordo le modalità (e le fotografie) dell'incidente: l'auto di Berlinguer investita su un cavalcavia da un camion militare guidato da un uomo dei servizi speciali dell'esercito bulgaro.

Ma lei che opinione si è fatto sull'attendibilità di quell'ipotesi, cioè di un incidente stradale simulato?

L'auto di Berlinguer non cadde dal cavalcavia solo perché andò a sbattere contro un palo della luce. Lo stesso segretario del Pci era convinto che avesse subìto un attentato, tanto che confidò i suoi sospetti alla moglie. Quando la notizia venne rivelata da Emanuele Macaluso, nell'ottobre 1991, io volli andare a rendermi conto di persona, visitando i luoghi in cui si era verificato l'incidente. In quel periodo ero spesso a Sofia per ragioni di ufficio, indagavo sull'attentato a papa Giovanni Paolo II e andavo in Bulgaria per delle rogatorie. Sul posto, mi resi conto che era difficile che si fosse trattato di un incidente. La strada era un rettilineo in piano e si alzava improvvisamente, formando un dosso, solo in corrispondenza di un ponte su una linea ferroviaria. Proprio il punto in cui avvenne lo scontro. Sì, ritengo che l'ipotesi di un attentato abbia solidi fondamenti.

Gennaro Acquaviva intervistato da Walter Veltroni*

«Corriere della Sera», 3 aprile 2021

Sia Moro che Berlinguer avevano, come dici tu, rotto le scatole agli americani e ai sovietici.

Sì, anche Berlinguer era nel mirino dei sovietici. E la storia dell'attentato in Bulgaria è vera.

* Gennaro Acquaviva, storico dirigente del Partito socialista italiano. L'intervista verteva sui rapporti dei partiti di sinistra italiani con americani e sovietici durante gli anni della segreteria di Bettino Craxi.

Luigi Zanda intervistato da Simonetta Fiori*

«la Repubblica», 19 maggio 2021

Quando parla di grandi delitti politici, oltre a Moro a che si riferisce?

Non riesco a non collegare il sequestro e l'omicidio di Moro a due gravissimi attentati che, pur senza esiti mortali, erano stati progettati per uccidere. Penso ai colpi di pistola sparati contro papa Wojtyla il 13 maggio del 1981 e all'attentato contro Enrico Berlinguer in Bulgaria, il 3 ottobre del 1973: andava in macchina verso l'aeroporto quando all'improvviso sbucò sulla strada un camion carico di pietre. Solo per un caso il leader comunista si salvò: l'interprete al suo fianco perse la vita. Allo stesso modo, solo per pochi millimetri una pallottola non avrebbe bucato l'aorta di Wojtyla. È evidente il tratto comune dei due attentati: una casualità imprevedibile che ha evitato la morte delle due vittime, la determinazione omicida dei responsabili e il collegamento con la Bulgaria.

* Luigi Zanda, ex segretario e portavoce del presidente Francesco Cossiga al Viminale e a Palazzo Chigi, è stato senatore della Repubblica dal 2003 al 2022.

Secondo lei c'è una sola mano dietro la morte di Moro e gli attentati a Berlinguer e Wojtyla?

Una mano forse no, ma vedo un disegno di destabilizzazione che li unisce. I tre delitti avevano come bersaglio tre personalità che in modi molto diversi stavano comunicando al mondo un pensiero nuovo e dirompente rispetto a schemi consolidati, raccogliendo un desiderio molto forte di maggior democrazia per grandi masse popolari. E in questo modo urtavano gli equilibri della guerra fredda: Moro apriva ai comunisti in un paese della Nato. Berlinguer rompeva l'internazionalismo comunista, privilegiando la democrazia rispetto al comunismo realizzato. E papa Wojtyla stava minando la struttura dell'impero sovietico.

Quindi lei fa un ragionamento geopolitico: tutti e tre erano mine vaganti rispetto all'ordine disegnato dalla guerra fredda.

Sì, ma a questo aggiungerei un altro elemento comune: sono tre delitti di grande criminalità politica, difficilmente attribuibili solo a singoli attentatori o a gruppi estremisti. Sembrano più riconducibili a un gigantesco disegno di caratura internazionale.

Luigi Zanda intervistato da Concetto Vecchio

«la Repubblica», 27 novembre 2022

Perché sul caso Moro ha sempre sospettato un intervento sovietico?

C'è un filo che lega l'attentato a Berlinguer a Sofia nel 1973, l'uccisione di Moro e l'attentato al Papa da parte di Ali Ağca. Quella del Kgb è una scuola che produce i suoi effetti nefasti anche ora, come vediamo drammaticamente in Ucraina e non solo.

Sommario

IL LIBRO E LA STAMPA

Finito di stampare nel mese di aprile 2024
per conto di RCS MediaGroup S.p.A.,
da Rotolito S.p.A., Via Sondrio, 3, Pioltello (Milano)
Printed in Italy